AF247935

Publication du Courrier de la Librairie.

LA
PRESSE PARISIENNE

CATALOGUE GÉNÉRAL

DES JOURNAUX POLITIQUES, LITTÉRAIRES,
SCIENTIFIQUES ET INDUSTRIELS,

Paraissant au mois de Juillet 1857.

PUBLIÉ

Par Ferd. GRIMONT.

1 FRANC.

PARIS

P. JANNET, LIBRAIRE, RUE RICHELIEU, 15.

1857

Paris. — Imprimé par E. THUNOT et Cᵉ, rue Racine, 26.

Au 9 août 1857, jour où nous arrêtons le catalogue qui suit, il se publie à Paris cinq cent dix journaux. Quarante, soumis au cautionnement, traitent des matières politiques ou d'économie sociale. Devant les 470 autres, s'ouvre le vaste champ de la science, des lettres, des arts, de l'industrie, des spéculations commerciales et financières.

Dans l'ordre de l'alphabet, *l'Ami de la religion* figure en tête des journaux politiques. La liste est close par *l'Univers*. Singulier hasard qui place ainsi *le Siècle*, *les Débats*, *le Constitutionnel*, *l'Estafette*, *le Journal des Actionnaires* et *le Charivari* entre les deux organes des doctrines gallicanes et ultramontaines.

Dans l'ordre de date, *la Gazette de France* est la première, et *la Semaine politique* la dernière de nos feuilles périodiques. Fondée au mois de mai 1631 par le médecin Théophraste Renaudot, *la Gazette* compte aujourd'hui 227 années d'existence. *La Semaine politique*, dont M. de Césena a fait l'annexe ou plutôt le complément de *la Semaine financière*, a vu le jour au mois de juillet dernier.

Un journal de littérature et de modes, *l'Abeille impériale*, et un journal polonais, *Wiadomosci polskie*, ouvrent et ferment le catalogue des écrits que la loi exempte du cautionnement et de l'autorisation préalable. Mais dans cette catégorie, la plus ancienne des publications est le *Journal des savants*, un quasi-contemporain de la *Gazette*, puisqu'il est né en 1665, et la plus jeune est *le Pirate*, dont le numéro 1 porte la date du 9 août 1857.

Le chiffre total des 470 journaux non cautionnés peut se dé-
composer ainsi :

<pre>
Journaux littéraires   95
Journaux de modes s'occupant aussi
    de littérature.   47
Journaux scientifiques.   45
Journaux de médecine.   25
Journaux d'agriculture.   14
Recueils administratifs.   17
Recueils de lois et de jurisprudence. .   39
Journaux industriels ; bourse, annon-
    ces, etc.   45
Recueils bibliographiques, y compris
    les catalogues périodiques de cer-
    taines librairies.   14
                                           _____
                                            541
</pre>

Le reste se prête assez difficilement à une classificatien exacte.
Il se compose de revues musicales, de recueils religieux, de
travaux relatifs à l'histoire et à l'archéologie. L'art, sous toutes
ses formes, a des représentants, même l'art dentaire ! Il y a un
journal arménien ; il y a trois journaux anglais, deux italiens,
cinq espagnols et deux allemands.

Du 1er janvier au 7 août 1857, 108 nouvelles publications périodiques ont été fondées à Paris. Nous compterons les morts à
la fin de l'année.

C'est là en effet un des détails statistiques que nous réservons
pour la seconde édition de notre *Manuel de l'imprimerie, de la
librairie* et de *la presse*, qui paraîtra en décembre prochain. Au
présent catalogue, que nous reproduirons avec toutes les modi-
fications qu'un intervalle de plus de quatre mois n'aura pas
manqué d'y introduire, nous ajouterons la liste complète des
journaux des départements, de l'Algérie et des colonies.

F. G.

15 août 1857.

LA
PRESSE PARISIENNE.

Journaux politiques.

A

Ami (l') de la religion, journal et revue ecclésiastique, politique et littéraire. Mardi, jeudi et samedi. In-8, 24 p. Gérant, Charles de Riancey. Rue du Regard, 12. — France : un an, 38 fr.; 6 mois, 20 fr.; 3 mois, 10 fr. 50.

46ᵉ année.

Assemblée (l') nationale. Tous les jours. In-f°, 4 p., 5 col. Gérant, J. Pommier. Rue Bergère, 20. — Paris : un an, 50 fr.; 6 mois, 26 fr.; 3 mois, 14 francs; un mois, 5 fr. Départements : 64 fr.; 33 fr.; 17 fr. et 4 fr.

10ᵉ année. — Fondée le 28 février 1848 par M. Adrien de Lavalette.

B

Bulletin de Paris. Quotidien. In-4. Propriétaire-gérant, Laffite. Rue de la Banque, 20.

Nouvelles de France et de l'étranger destinées aux journaux des départements. (Autographié.)

C

Charivari (le). Quotidien. In-4, 3 col. Gérant, J. Panier. Rue du Croissant, 16. — Paris : 3 mois, 18 fr.; départements : 20 fr.

26ᵉ année. — Fondée en 1831 par M. Ch. Philipon.

Constitutionnel (le), journal politique, littéraire, universel. Quotidien. In-f., 4 p., 6 col. L'un des gérants, L. Boniface. Rue de Valois, 10. — Paris : un an, 52 fr.; 6 mois, 26 fr.; 3 mois, 13 fr. Départements : 64 fr.; 32 fr. et 16 fr.

42ᵉ année. — Fondé le 1ᵉʳ mai 1815 sous le titre de l'*Indépendant*; s'est appelé tour à tour l'*Écho du soir*, *Courrier général*,

Constitutionnel, Journal du commerce. Le nom qu'il porte actuellement date de 1819. Ses principaux rédacteurs ont été, sous la restauration : Étienne. Jouy, Cauchois-Lemaire, Thiers, Mignet, Évariste-Dumoulin ; — de 1830 à 1848 : Ch. Reybaud, P. Merrruau, Boilay, etc. Il est aujourd'hui rédigé par MM. Granier de Cassagnac, C. Clarigny, H. Cauvain Boniface, etc. Il a reçu, depuis 1848, la direction politique de MM. Véron, Arthur de la Guéronnière et de Césena. M. Amédée Renée est, depuis quelques mois, à la tête du Journal.

Correspondance Havas. Tous les jours. In-4, 4 p. autographiées. Rue J.-J. Rousseau, 3.

Extraits de la presse française et étrangère destinés à être reproduits dans les journaux des départements.

Correspondant (le). Religion, philosophie, politique, littérature, sciences, beaux-arts. Le 25 de chaque mois. In-8, 192 p. L'un des gérants, Ch. Douniol. Rue de Tournon, 29, librairie Douniol. — France : un an, 25 fr.; 6 mois, 14 fr.; 3 mois, 8 fr. Étranger : 20 fr.; 16 fr. et 9 fr.

Les années 1843 à 1855 (25 sept.), composant la 1ʳᵉ série et formant 36 forts vol., net 340 fr., au lieu de 410 fr. — Le *Correspondant* a publié des travaux de MM. Ch. de Montalembert, de Falloux, H. de Vatimesnil, Mercier de Lacombe, vicomte de Melun, A. de Pontmartin, etc.

Courrier (le) de Paris, ancien journal *la Vérité*. Quotidien. In-f., 4 p., 5 col. Rédacteur en chef, Félix Mornand. Gérant, Julien le Rousseau, Rue Coq-Héron, 5. — France : un an, 54 fr.; 6 mois, 27 fr.; 3 mois, 13 fr. 50; 1 mois, 4 fr. 50. Étranger : suivant la taxe.

1ʳᵉ année. — Tous les jours, une *chronique parisienne* par M. Paul d'Ivoi. A dater du 1ᵉʳ août, un *courrier de France* signé L. Couailhac.

D

Droit (le), journal des tribunaux, de la jurisprudence, des débats judi-

ciaires et de la législation. In-f.,
4 p., 4 col. Gérant, Adolphe François. Bureaux, place Dauphine, 24.
— Paris: un an, 56 fr.; 6 mois,
28 fr.; 3 mois, 14 fr. Départements:
64 fr.; 32 fr. et 16 fr. Le port en
sus pour l'étranger.

21e année.—Feuille officielle d'annonces
légales. Paraît six fois par semaine.

E

Écho (l') agricole, écho des halles et
marchés. Paraît les lundi, mercredi
et samedi de chaque semaine. In-f.,
4 p., 4 col. Directeur-gérant, Ch.
Pécourt. Rue Coquillière, 10. —
France: un an, 28 fr.; 6 mois,
15 fr.; 3 mois, 8 fr. Étranger: le
port en sus.

Les abonnés reçoivent en outre et gratuitement *le Petit courrier des halles et
marchés*, le jour où *l'Echo* ne paraît pas.

Estafette (l'). In-f., 4 p., 4 col. Directeur-gérant, A. Dumont. Rue Coq-
Héron, 5. — Paris, un an, édition
quotidienne, 50 fr.; 6 mois, 25 fr.;
3 mois, 13 fr.; 1 mois, 4 fr. 50.
Départements, 60 fr.; 31 fr.; 16 fr.
et 5 fr. 50. — 2e édition paraissant
mardi, jeudi et dimanche. Paris:
un an, 24 fr.; 6 mois, 13 fr.;
3 mois, 7 fr.; 1 mois, 4 fr. Département: 30 fr.; 17 fr.; 10 fr. et
4 fr.

25e année. — Journal reproducteur
fondé en 1833 par M. Boulé.

G

Galignani's Messenger. Morning edition, published at six o'clock, at
the office, n. 224, rue de Rivoli. In
fol., 4 p., 6 col. Gérant, J. A. Galignani. — Paris: 3 mois, 28 fr.; un
mois, 10 fr.; 16 jours, 6 fr.; une
semaine, 3 fr.; le numéro, 50 c.
Départements: un an, 120 fr.;
6 mois, 62 fr.; 3 mois, 32 fr.; un
mois, 11 fr. Allemagne, Belgique,
Hollande: un an, 125 fr.; 6 mois,
64 fr.; 3 mois, 33 fr. Angleterre;
un an, 5 L.; 6 mois, 2 L. 12 sch.;
3 mois, 1 L. 8 sch.

Fondé en 1814.

Gazette (la) de France, journal de
l'appel au peuple. Quotidien. In-f.,
4 p., 5 col. Directeur, M. de Lour-
doueix. Rue Coq-Héron, 5.— Paris:
un an, 58 fr.; 6 mois, 31 fr.;
3 mois, 16 fr. Départements: 66 fr.;
35 fr. et 18 fr.

227e année.—La *Gazette* paraît le soir.
La *Gazette* a été dirigée depuis les der-
nières années de la Restauration jusqu'au
mois d'avril 1849 par M. de Genoude.

Gazette des tribunaux, journal de jurisprudence et des débats judiciaires. In-fol., 4 p., 4 col. Gérant,
Baudoin. Rue Harlay-du-Palais, 2.
— France: un an, 72 fr.; 6 mois,
32 fr.; 3 mois, 18 fr. Étranger:
suivant la taxe.

32e année.— Feuille d'annonces légales.
Paraît tous les jours, excepté le lundi.

I

Illustration (l'), journal universel. Le
samedi. Grand in-8, 16 p., 3 col.
Rédacteur en chef, Paulin. Rue Richelieu, 60. — France: un an,
36 fr.; 6 mois, 18 fr.; 3 mois, 9 fr.
Le numéro 75 c. Étranger: un an,
36 fr., plus les droits de poste.

Les abonnés reçoivent gratis les *Variétés illustrées*.

J

Journal des actionnaires. Moniteur
des opérations financières paraissant le samedi. In-fol., 4 p., 5 col.
Directeur-gérant, Léopold Amail.
Rue Richelieu, 112. — Paris: un
an, 6 fr. Départements: 8 fr.
Étranger: 12 fr.

Journal des chemins de fer, des mines
et des travaux publics. Le samedi.
In-4, 32 p., 3 col. Rue Richelieu,
99. Directeur, G. Devina. — Paris:
un an, 40 fr. Départements: 12 fr.
Étranger: 18 fr.

Fondé en 1842 par M. J. Mirès.

Journal du crédit commercial, industriel, agricole, maritime, foncier et
mobilier. Hebdomadaire. In-4, 8 p.,
3 col. Directeur gérant, Alph. Gros.
Place de la Bourse, 6. — France, un
an, 5 fr.

Journal des débats, politique et littéraire. Quotidien. In-fol., 4 p.,
6 col. Directeur, gérant responsable, Édouard Bertin. Rue des Pré-

tres-Saint-Germain-l'Auxerrois, 17.
— Paris : par trimestre, 18 fr. Départements : 20 fr.

Fondé vers la fin de 1799 par les deux frères François et Louis Bertin, le *Journal des Débats* qui devint, de 1805 au 1er avril 1814, le *Journal de l'empire*, compte parmi ses anciens rédacteurs : Geoffroy, Hoffmann, Feletz, Dussault, Fiévée, Etienne, de Fontanes ; sous la Restauration : Châteaubriand, Villemain, Nodier, Duvicquet, Salvandy, Becquet...; de 1830 jusqu'à ce jour : MM. Armand Bertin, S. de Sacy, Saint-Marc Girardin, Michel Chevalier, J. Janin, successeur de Geoffroy au *Feuilleton dramatique*, Cuvillier-Fleury, Ratisbonne, Rigaud, John Lemoine, Alloury, Prévost Paradol, etc.

Journal des économistes ; revue de la science économique et de la statistique. Le 15 de chaque mois. In-8, 160 p. Gérant responsable, Guillaumin. Rue Richelieu, 14. Libr. Guillaumin et comp. — France : un an, 36 fr.; 6 mois, 19 fr. Étranger : suivant le tarif.

16e année. — Prix total de la collection, 49 vol., 474 fr.

Journal des villes et des campagnes ; feuille parisienne, des familles, de la religion, des maires, de la propriété et du commerce. Gazette politique, historique, littéraire, agricole et judiciaire de toutes les communes. Trois fois par semaine. In-4, 8 p., 3 col. — Paris : un an, 32 fr.; 6 mois, 17 fr.; 3 mois, 9 fr. Départements : 38 fr., 20 fr. et 10 fr. 50.

50e année.

M

Manuel général de l'instruction primaire, journal hebdomadaire des instituteurs. In-4, 16 p., 3 col. Gérant, E. Templier. Rue Pierre-Sarrazin, 14. — France : un an, 13 fr.; 6 mois, 6 fr.; 3 mois, 3 fr.

Moniteur (le) de l'armée. Tous les 5 jours. In-f., 4 p., 3 col. Directeur-gérant, H. Baudoin. Rue Grange-Batelière, 13. — France : un an, avec annuaire, 20 fr.; sans annuaire, 16 fr.

Moniteur (le) de la flotte. Tous les cinq jours (les 3, 8, 13, 18, 23 et 28 de chaque mois). In-fol., 4 p., 3 col. Propriétaire-gérant, Schiller aîné. Rue du Faubourg-Montmartre. 11. France : un an, 28 fr.; 6 mois, 15 fr. Étranger : 32 et 17 fr.

3e année.

Moniteur (le) universel, journal officiel de l'Empire français. Quotidien. In-fol., 4 p., 5 col. L'un des gérants responsables, Turgan. Quai Voltaire, 13. — France : un an, 40 fr.; 6 mois, 20 fr.; 3 mois, 10 fr.; 15 c. le numéro du jour.

Fondé le 24 nombre 1789, par Maret, duc de Bassano, et Sauvo, qui l'a rédigé jusqu'en 1840. Le *Moniteur* est actuellement dirigé par M. Ernest Pankoucke. Le 1er janvier 1853, il a baissé sen prix de 116 à 40 fr.

O

Observateur (l'), presse commerciale, politique, financière, industrielle et maritime. Le mercredi et le samedi soir. In-fol., 4 p, 6 col. Rédacteur en chef, Léouzon Le Duc. Rue Vivienne, 38 *bis*. — France : un an, 16 fr.; 6 mois, 10 fr. Étranger : le port en sus.

Office-correspondance. Quotidien. In-fol., autographié. Gérant, Bullier.

Pour les journaux des départements.

P

Patrie (la). In-fol., 4 p., 6 col. Propriétaire directeur, Delamarre. Gérant, Garat. Rue du Croissant, 12. — Paris, édit. du soir : 3 mois, 13 fr. 50 c.; édit. du matin : 40 fr. Banlieue, édit. du matin : 3 mois, 11 fr.; avec feuille de commerce, 18 fr. Départements : 3 mois, 15 fr.; avec feuille de commerce, 22 fr. Étranger, suivant la taxe.

17e année. — Fondée en 1841 par M. Pagès (de l'Ariége). Achetée en 1842 par M. Boulé, imprimeur; en 1844 par M. Delamarre.

Pays (le), journal de l'Empire. Quotidien. In-fol., 4 p., 5 col. Gérant, Baraton. Faubourg Montmartre, 11. — Paris : un an, 48 fr.; 6 mois, 24 fr.; 3 mois, 12 fr. Départements : 56 fr., 28 fr. et 14 fr. Étranger : selon la taxe; le numéro, 15 c.

9e année.

Presse (la). Tous les soirs. In-fol., 6 p. L'un des gérants, H. Rouy ; rédacteur en chef, Nefftzer. Rue Montmartre, 123. — Paris et départements : un an, 54 fr.; 6 mois, 27 fr.; 3 mois, 13 fr. 50.

22e année. — Fondée le 1er juillet 1836 par M. Emile de Girardin.

R

Revue contemporaine et Athenæum français. Le 15 et à la fin de chaque mois. In-8, 14 à 16 feuilles d'impression. Rédacteur en chef, Alph. de Calonne. Rue Mazarine, 9. — Paris : un an, 50 fr.; 6 mois, 26 fr.; 3 mois, 14 fr. Départements : 56 fr., 29 fr. et 15 fr. Étranger : le port en sus, suivant le pays.

6e année. — Prix de chacune des 5 années précédentes (du 15 avril 1852 au 15 avril 1856), 50 fr.

Revue des Deux-Mondes. Le 1er et le 15 de chaque mois. Grand in-8, 240 p. Directeur-propriétaire, Buloz. Gérant, V. de Mars. Rue Saint-Benoît, 20. — Paris : un an, 50 fr.; 6 mois, 26 fr.; 3 mois, 14 fr. Départements : 56 fr.; 29 fr. et 15 fr. Étranger : le port en sus.

27e année. — Seconde période. — La Revue forme tous les 2 mois un vol. de 1,000 pag.; 6 vol. par an, outre l'Annuaire des deux mondes, envoyé aux abonnés annuels sans autres frais que ceux du port.

Revue de l'instruction publique, de la littérature et des sciences en France et dans les pays étrangers. Recueil hebdomadaire (le jeudi). In-4, 16 p. 3 col. Gérant, L. Bréton. Rue Pierre-Sarrazin, 14 , librairie L. Hachette et Ce. — France : un an, 12 fr.; 6 mois, 6 fr. 50; 3 mois, 3 fr. 50.

17e année.

Revue de Paris. Littérature, sciences, politique, arts, économie sociale. Le 1er et le 15 de chaque mois. Grand in-8, 160 à 192 p. Rédacteur en chef, Maxime Du Camp. Secrétaire de la gérance, Louis Ulbach. Rue Louis-le-Grand, 25; boulevard des Italiens, 15, à la Librairie nouvelle.—Paris : un an, 40 fr.; 6 mois, 22 fr.; 3 mois, 12 fr. Départements : 44 fr.; 23 fr. et 13 fr. Étranger : le port en sus.

S

Semaine (la) financière, industrielle, commerciale et politique (le samedi). Grand in-8, 16 p. 3 colonnes. Propriétaire-gérant, F. Martin. Rue Richelieu, 83. — Paris : un an, 8 fr.; 6 mois, 5 fr. Départements : 10 fr. et 6 fr.

Semaine (la) politique (le dimanche). Grand in-4, 8 p. 4 col. Directeur-gérant responsable, Amédée de Césena. Rue de la Paix, 8 , librairie Amyot. — France : un an, 12 fr.; 6 mois, 6 fr.; le numéro, 20 cent. Étranger : surtaxe en sus.

Edition spéciale de la Semaine financière, industrielle, commerciale et politique.

Siècle (le). Quotidien. In-folio. 4 p. 5 col. Gérant, Sougère. Rue du Croissant, 16. — Paris, 13 fr. par trimestre. Départements : 16 fr.

22e année. — La direction politique du Siècle appartient à M. Havin; la direction littéraire à M. Louis Desnoyers. Les principaux rédacteurs sont : Em. de la Bédollière, Louis Jourdan, T.N. Bénard, L.Plée.

Spectateur (le) militaire. Recueil de science, d'art et d'histoire militaires. In-8, 160 p. Les 1er janvier, 1er avril, 1er juillet et 1er octobre. Directeur-gérant, Noirot. Rue Christine, 3. — France et Algérie : un an, 33 fr.; 6 mois, 20 fr. Étranger : (port ordinaire) : 40 fr.; 6 mois, 22 fr. — Avec le port double, 45 fr. et 24 fr. Espagne, Italie, Grèce et pays d'outre-mer : 45 fr. par an.

32e année.

U

Union (l'). Quotidienne, France, Écho français. In-folio, 4 p. 4 colonnes. Propriétaire-gérant, le lieutenant-colonel Mac-Sheeby. Directeur, Henry de Riancey. Rue Neuve-des-Bons-Enfants, 3, et rue de Valois, 18. — France : un an, 68 fr.; 6 mois, 35 fr.; 3 mois, 18 fr.

Avec cette épigraphe : Tout pour la France et par la France. Principaux rédacteurs : MM. Laurentie , Lubis, Moreau, etc.

Univers (l'). Union catholique. In-folio, 4 p. 5 colonnes. Gérant, Barrier. Rédacteur en chef, Louis Veuillot. Rue de Grenelle-Saint-Germain, 13. — Paris : un an, 60 fr.; 6 mois, 31 fr.; 3 mois, 16 fr. Départements : édition quotidienne, un an, 66 fr.; 6 mois, 34 fr.; 3 mois, 18 fr. Édition semi-quotidienne , 36 fr.; 19 fr. et 10 fr.

25e année.—Fondé en 1835 par M. l'abbé Migne.

Journaux non politiques.

A

Abeille impériale ; revue littéraire. 1er et 15 de chaque mois. In-4. Directeur, baron L. de Brisse. Quai Voltaire, 23.—Paris : un an, 20 fr.; 6 mois, 11 fr. Départements, Corse et Algérie : 24 fr.; 13 fr. Étrangers : le port en sus.

Avec chaque numéro, le *Messager des Modes et de l'Industrie*, ou une gravure, ou un dessin des modes de cour et de ville.

Abeille (l') médicale ; revue clinique française et étrangère. In-4. Les 5, 15 et 25 de chaque mois. Rédacteur en chef ; le docteur A. Bossu. Rue de Seine, 31. — Paris : un an, 6 fr. Départements : 6 fr. 50.

Affiches parisiennes et départementales ; journal d'annonces judiciaires, légales , des locations et avis divers paraissant aussi une fois par semaine en placards affichés dans Paris. In-8, 16 p., 2 col. Directeur-gérant, Maulde. Rue de Rivoli, 144. — France : un an, 40 fr.; 6 mois, 21 fr.; 3 mois, 11 fr.

40e année.

Agriculteur (l') praticien ; revue de l'agriculture française et étrangère, publié sous la direction de M. Grandvoinnet, professeur de génie rural à Grignon. Les 10 et 25 de chaque mois. In-8. Quai des Grands-Augustins , 41. — France : un an, 6 fr.

Agriculture (l'); journal des entreprises et des intérêts agricoles en France et en Algérie , paraissant tous les samedis. In-4, 8 p., 3 col. Rédacteur en chef , J. Cohen. L'un des gérants, Schiller aîné. Rue Richelieu , 110. — France : un an, 12 fr.; 6 mois, 6 fr. Étranger : les frais de poste en sus.

1re année.

Album (l') impérial. Industrie.—Commerce.—Littérature.—Beaux-arts. — Sciences.—Dessins.—Photographie. — Illustrations. — Modes. —

Théâtres. Paraissant le samedi. In-4, 8 p., 3 col. Propriétaire-gérant , V. Bridge. Rue Fontaine-St-Georges, 42. Paris : un an , 10 fr.; 6 mois, 5 fr. Départements : 12 fr. et 6 fr. Étranger : 14 fr. et 7 fr.

Album (l') théâtral ; critique, analyses, biographies et portraits d'artistes, courrier des théâtres, modes, costumes et mises en scènes. Paraissant tous les dimanches. In-4. Rédacteur en chef, Alex. May. Rue de Lancry, 10. — Paris : édition noire, simple : un an, 10 fr. Départements : 12 fr. Étranger : 15 fr. Avec mises en scènes : 20 fr., 25 fr., 28 fr. Édition coloriée, simple : 15 fr., 17 fr., 20 fr. Avec mises en scènes : 25 fr., 30 fr., 33 fr.

Amateur (l'), journal des jeunes artistes, des théâtres, de la littérature et des arts. Mensuel. In-8 , 16 p. Gérant, Tissot. Rue de la Tour-d'Auvergne, 16. — Paris : un an, 3 fr.; 6 mois, 1 fr. 50 ; 3 mois, 75 c. Départements : 4 fr., 2 fr. et 1 fr.

Ami (l') de l'enfance ; journal des salles d'asile. Mensuel. In-8, 32 p. Rue Pierre-Sarrazin, 14.—France : un an, 6 fr.

Les deux premières séries de *l'Ami de l'enfance* forment 8 vol. in-8. Prix : 8 fr.

Ami (l') de la jeunesse; journal mensuel publié par les rédacteurs de l'Almanach des bons conseils, sous la direction de M. A. Vulliet. Grand in-8. Le 1er de chaque mois. Rue de Clichy, 47. — France et Suisse : un an, 3 fr. Étranger : 4 fr.

Ami (l') des lettres. Miscellanées littéraires, historiques, philosophiques, scientifiques, artistiques, etc. Mensuel. In-8, 32 p. Rédacteur-gérant, A. de Campagnolles. Rue Monsieur-le-Prince, 23. — France : un an, 6 fr.; 6 mois, 3 fr. 50; un numéro, 60 c.

1re année.

Ami (l') des sciences, journal du dimanche, sous la direction de M. V. Meunier. In-4, 16 p., 2 col. Rue des

Noyers, 74. — Paris : un an, 10 fr. Départements : 12 fr.

Ami (l') du soldat, journal hebdomadaire illustré de l'armée, édité par Blot, imp.-lib. In-8, 16 p., 2 col. Rue de Rivoli, 58. — Paris, départements et Algérie : un an, 6 fr. États romains : 15 fr. Colonies françaises : 10 fr.

Ane (l') savant tenant école pour tout le monde. Grand in-8, 16 p., 2 col. Les 1er et 15 de chaque mois. Directeur-gérant, M. Th. Coffinier. Bureaux : boulev. Saint-Martin, 69. — France et Algérie : un an, 10 fr.; 6 mois, 5 fr. 50. Étranger : 13 fr. et 7 fr.

1re année. — Principaux rédacteurs : Edm. About, Ch. Barthélemy. — Le docteur G. Raoul, Galoppe d'Onquaire. — Mme M. E. Cavé, la marquise de Villers, etc.

Ange (l') gardien, revue mensuelle, religieuse, historique, littéraire et bibliographique par une réunion d'ecclésiastiques et d'hommes de lettres, recommandée par les archevêques de Paris, Lyon, Bourges et Bordeaux, etc. In-8, 48 p. Directeur, M. d'Exauvillez. Rue de Vaugirard, 92; Bordeaux, Ducot; Liége, Spée-Zélis. — Paris et départements : un an, 5 fr. Suisse et Piémont : 6 fr. Étranger : 8 fr.

Annales d'Afrique. Tous les deux mois. In-4, 16 p., 2 col. Rédacteur en chef, Hipp. de Saint-Anthoine. Rue Saint-Florentin, 8.

Journal destiné aux membres de l'*institut d'Afrique.*

Annales de l'agriculture française ou Recueil encyclopédique d'agriculture, publié sous la direction de M. Londet, de l'ancien Institut agronomique de Versailles. Gérant, L. Bouchard. Le 15 et le 30 de chaque mois. In-8, 50 à 60 p avec planches. Bureaux, rue de l'Éperon, 5. — Paris, départements et Algérie : un an, 15 fr.

nnales archéologiques, publiées par AuDidron aîné, secrétaire de l'ancien comité historique des arts et monuments. Tous les deux mois. In-4, 112 à 128 p. Rue Saint-Dominique-Saint-Germain, 23. — Paris : un an,

20 fr. Départements : 23 fr. Étranger : 25 fr.

Prix de chacun des 16 volumes publiés de 1844 à 1856 : 25 fr. brochés, 28 fr. cartonnés, 30 fr. reliés. Chaque volume est orné de nombreuses gravures sur bois, sur acier et sur cuivre.

Annales de la charité, revue mensuelle consacrée aux intérêts des classes laborieuses et souffrantes. Religion, charité, histoire, littérature, etc. Journal de *la Société d'économie charitable.* A la fin de chaque mois. In-8, 64 p. Rédacteur-gérant, Paul de Caux. Rue Cassette, 29, libr. A. Le Clère et comp. — Paris : un an, 10 fr. Départements : 12 fr. Étranger : 15 fr. Le numéro, 1 fr.

13e année.

Annales des chemins vicinaux, recueil de mémoires, documents et actes officiels concernant le service vicinal. Mensuel. In-8, 40 à 48 p. Rue de Grenelle-Saint-Honoré, 45. — France : un an, 10 fr. Étranger : 14 fr.

13e année. — Le prix des années 1845 à 1855 est de 8 fr. pour chacune. Recueil recommandé aux préfets par une circulaire du ministre de l'intérieur.

Annales de chimie et de physique, par MM. Chevreul, Dumas, Pelouze, Boussingault, Regnault, de Sénarmont, avec une revue des travaux de chimie et de physique, publiés à l'étranger par MM. Wurtz et Verdet. Le 1er de chaque mois. In-8, 128 p. Place de l'École-de-Médecine, 17, librairie V. Masson. — Paris : un an, 30 fr. Départements et Algérie : 34 fr.

Annales du commerce extérieur. Mensuel. Grand in-8. Rue de Grenelle-Saint-Honoré, 45, librairie Paul Dupont.

Ce Recueil, publié depuis le 1er janvier 1843, donne des renseignements périodiques sur la législation commerciale et sur le mouvement industriel, commercial et maritime tant de la France que des pays étrangers. 20 volumes ont déjà paru.

Annales des conducteurs des ponts et chaussées. Recueil de mémoires, documents et actes officiels concernant le service des conducteurs des ponts et chaussées. Publication mensuelle. In-8, 48 à 56 p. Rue Gre—

nelle-St-Honoré, 45. — France : un an, 10 fr. — Étranger : 14 fr.

1re année. — Avec figures et planches.

Annales des douanes et des contributions indirectes. Mensuel. In-8, 32 p. — Rue de Grenelle-Saint-Honoré, 45 : un an, 9 fr.

Annales forestières et métallurgiques. A la fin de chaque mois. In-8, 48 p. Rédacteur en chef, G. Trefouël. Rue de la Chaussée-d'Antin, 21. — France : un an, 10 fr. — Avec le *Bulletin administratif ou judiciaire*, 15 fr.

Annales hydrographiques, recueil d'avis, instructions, documents et mémoires relatifs à l'hydrographie et à la navigation. Publié par le dépôt des cartes et plans de la marine. Tous les trois mois. In-8. Palais-Royal, galerie d'Orléans, 31, librairie Ledoyen. — Paris et départements : par feuille d'impression, 30 cent., non compris les cartes et les plans.

Annales d'hygiène publique et de médecine légale ; par MM. Adelon, Andral, Boudin, Brière de Boismont, Chevallier, Devergie, etc. Tous les 3 mois. In-8, 250 p. Rue Hautefeuille, 19, librairie J.-B. Baillière et fils. — Paris : un an, 18 fr. Départements : 20 fr. Étranger : 24 fr.

Annales et journal spécial des justices de paix, recueil de législation, de doctrine et de jurisprudence, à l'usage des juges de paix, suppléants et greffiers ; par J.-L. Jay. Mensuel. In-8, 38 p., 2 col. Rue de la Bourse, 7. — Paris et départements : un an, 9 fr.

Annales législatives de l'instruction primaire. Écoles primaires, écoles d'adultes, salles d'asiles, pensionnats de jeunes demoiselles, écoles normales. Mensuel. In-8, 16 à 82 p. Rues de Sorbonne et des Mathurins, librairie J. Delalain. — France : un an, 3 fr.

La collection des années 1850-1856, 7 vol. In-8. Prix : 17 fr.50.

Annales médico-psychologiques, journal destiné à recueillir tous les documents relatifs à l'aliénation mentale, aux névroses et à la médecine légale des aliénés ; par MM. Baillarger, Cerise et Moreau. In-8, 140 à à 160 p. Mensuel. Place de l'École-de-Médecine, librairie V. Masson. — Paris : un an, 12 fr. Départements : 14 fr. Étranger : 16 fr.

1re série ; 1843 à 1848, 12 vol. Prix . 90 fr. — 2e série, 1849 à 1854, 6 vol. Prix : 72 fr. En cours de publication, le t. III de la 3e série.

Annales des mines ou Recueil de mémoires sur l'exploitation des mines et sur les sciences et les arts qui s'y rapportent ; rédigées par les ingénieurs des mines, et publiées sous l'autorisation du ministre des travaux publics. Tous les deux mois. In-8. 260 à 280 p., avec planches gravées. Quai des Augustins, 49, librairie V. Dalmont. Paris : un an, 20 fr. Départements : 24 fr. Étranger : 28 fr.

On peut se procurer aux mêmes prix chacune des années parues depuis 1832 inclusivement.

Annales de philosophie chrétienne, recueil périodique destiné à faire connaître tout ce que les sciences humaines renferment de preuves et de découvertes en faveur du christianisme, dirigé par A. Bonnetty. A la fin de chaque mois. In-8, 80 p. avec gravures ou caractères étrangers. Rue de Babylone, 10. Paris et départements : un an, 20 fr.

27e année.

Annales des ponts et chaussées. Mémoires et documents relatifs à l'art des constructions et au service de l'ingénieur. Lois, décrets et autres actes concernant l'administration des ponts et chaussées. Tous les deux mois. In-8, 160 à 192 p. Quai des Augustins, 49, librairie V. Dalmont. — Paris : un an, 20 fr. Départements : 24 fr. Étranger : 28 fr.

Avec chaque numéro, 2 à 3 planches gravées de grandeur uniforme.

Annales de la propriété industrielle, artistique et littéraire. Journal de législation, doctrine et jurisprudence françaises et étrangères en matière de brevets d'invention, littérature, théâtre, musique, beaux-arts, etc. Rédigé par MM. J. Pataille et

A. Huguet. In-8, 32 p. Tous les mois. Rues Chabannais, 3; Soufflot, 17. — Paris et départements : un an, 10 fr. Étranger : 12 fr.

3ᵉ année.

Annales des sciences naturelles, comprenant la zoologie, la botanique, l'anatomie et la physiologie comparée des deux règnes, et l'histoire des corps organisés fossiles ; rédigées , pour la zoologie , par M. Milne Edwards; pour la botanique, par MM. Ad. Brongniart et J. Decaisne. Mensuel. In-8 ; chaque partie, 64 p. avec planches. Place de l'École-de-Médecine, libr. V. Masson. Paris : les deux parties réunies, un an, 38 fr. France et Algérie, 40 fr. Une partie séparée, 25 fr. et 27 fr. Étranger : suivant les tarifs.

Annales de la société entomologique de France. Quatre fois par an. In 8, 192 à 240 p. Rue Hautefeuille, 19, libr. J. B. Baillière et fils.

Pour les associés.

Annales de la société d'hydrologie médicale de Paris. Comptes-rendus des séances. In 8. — Paris : un an, 6 fr. Départements, 7 fr.

Ce Recueil paraît , pendant le cours de la session de la Société, de novembre à avril de chaque année , en six numéros formant ensemble un volume de 20 a 30 feuilles d'impression, On s'abonne , à la librairie de G. Baillière, rue de l'Ecole-de-Médecine, 17. — Les t. I et II sont en vente. — Prix : 10 fr. pour Paris, et 12 fr. par la poste.

Annonces générales de France, journal général et spécial d'annonces administratives, judiciaires et légales; ventes et locations ; offres et demandes ; renseignements, annonces et avis divers ; publient notamment les faillites, séparations de biens, interdictions et nominations de conseils judiciaires de toute la France. Une édition journal, in-4, 8 p. 3 col.; une édition placard, in-folio. Rue Saint-Marc, 30. — France : un an, 10 fr.; 6 mois, 6 fr.; 3 mois, 4 fr.

Le prix d'abonnement est intégralement remboursé en annonces.

Apiculteur (l') praticien, journal des cultivateurs d'abeilles, marchands de miel et de cire, publié sous la direction de M. H. Hamet, professeur d'apiculture au Luxembourg. Du 1ᵉʳ au 5 de chaque mois. Rue Montmartre, 148; quai des Grands-Augustins, 41, libr. A Goin. — France : un an, 6 fr.

Archer (l') français, journal des tireurs d'arc. Le 15 de chaque mois, d'octobre à mars ; les 10, 28 et 30, d'avril à septembre. In-4, 4 p. 3 col. Directeur-gérant, G. This. — Paris et départements : un an, 6 fr.; avec fournitures du prix général, 18 fr.; avec celles de la Saint-Sébastien et de l'oiseau, 21 fr.

Archives de l'art français, recueil de documents inédits relatifs à l'histoire des arts en France, publié sous la direction de M. Anatole de Montaiglon, ancien élève de l'École des chartes. Tous les deux mois. In-8, 80 p. Quai des Augustins, 13, librairie B. Dumoulin. — Paris : un an, 10 fr Départements : 11 fr. 50.

7ᵉ année.

Archives du christianisme au XIXᵉ siècle, journal religieux. Le 2ᵉ et le 4ᵉ samedi de chaque mois. In-4, 12 p. 2 col. Rédacteur-gérant, Fréd. Monod. Rue Tronchet, 2. — France : un an, 8 fr. Étranger : 10 fr.

Archives générales des hommes du jour. Biographie, généalogie, nécrologie et chronique des beaux-arts, sous l'ancien patronage de M. Baour-Lormian, de l'Académie française. Mensuel. In-8, 32 à 88 p. Directeur, M. Tisseron. Rue de Babylone, 1. — France : un an, 60 fr. Étranger : 75 fr. Chaque exemplaire, 2 fr.

La collection comprendra 50 volumes; 26 ont paru.

Archives générales de médecine, publiées par E. Follin et Ch. Lassègne, professeurs agrégés de la Faculté de médecine. Le 1ᵉʳ de chaque mois. In-8, 128 p. Place de l'École-de-Médecine, librairie Labé ; rue des Poitevins, librairie Panckoucke. Paris : un an, 20 fr. Départements : 25 fr.

Archives israélites, recueil mensuel, religieux, moral et littéraire, par une société d'hommes de lettres, sous la direction de S. Cahen, traducteur de la Bible. In-8, 64 p. Rue des Quatre-Fils, 16. Paris : un an, 16 fr. Départemens et étranger : 18 fr. Pays à surtaxe : 20 fr.

Archives du méthodiste, journal religieux paraissant au commencement de chaque mois. In-4, 8 p. 2 col. Rédacteur-gérant, J. P. Cook. Rue d'Amsterdam, 49. — France, Suisse et Belgique : un an, 4 fr. Angleterre : 4 sh. États-Unis : 1 doll. Autres pays : 5 fr.

Archives des missions scientifiques et littéraires, choix de rapports et instructions, publiées sous les auspices du ministère de l'instruction publique. Le 15 de chaque mois. In-8, 176 à 192 p. Rues Bonaparte, 5, et Grenelle-Saint-Honoré, 45, libr. P. Dupont. — France : un an, 9 fr.

Archives du notariat et des officiers ministériels. Recueil mensuel contenant....., par les notaires et jurisconsultes rédacteurs du *Journal du notariat et des offices ministériels.* In-8, 64 p. Rue d'Argenteuil, 51. France : un an, 10 fr. payés au bureau, ou 11 fr. payables au domicile du souscripteur.

Argus (l') des théâtres. Quotidien. In-4, 4 p. 3 col. Directeur-propriétaire L. Huart. Rue du Croissant, 16. et place de la Bourse, 12. Se vend au numéro, 20 c.

Dessins par Cham, Daumier et Maurisset. — Articles extraits du *Charivari.* — Programme des Spectacles. — Annonces industrielles.

Art (l') dentaire. Revue mensuelle de la chirurgie et de la prothèse dentaire, par MM. Fowler et Préterre, dentistes américains, à Paris. Gr. in-8, 32 p. 2 col. Boulevard des Italiens, 29. France : un an, 15 fr. Étranger : le port en sus. — 20 fr. pour la Belgique, l'Angleterre et les États-Unis.

Art (l') du dix-neuvième siècle. Deux livraisons par mois. In-4, 12 p. Directeur-rédacteur, Th. Labourieu. Rue Thévenot, 27. Paris : un an, 12 fr. Départements : 14 fr. Étranger : 16 fr.

2e année. — Avec chaque numéro, une gravure.

Art (l') médical, journal de médecine générale et de médecine pratique. Le 1er de chaque mois. In-8. Rédacteur en chef, J. Davasse. — Rue Hautefeuille, 19, librairie J.-B. Baillère et fils. — Paris : un an, 15 fr. Départements : 18 fr. Étranger : 20 fr.

Paraît par livraison de 5 feuilles formant, tous les ans, 2 vol. gr. in-8 de 480 p. chacun.

Artiste (l'). In-4. Tous les dimanches. Rédacteur en chef, M. Théoph. Gautier. Rues Laffitte, 2 ; Pavée-Saint-André, 12 ; boulevard des Italiens, 15. — Paris : un an, 50 fr.; 6 mois, 25 fr.; 3 mois, 13 fr. Départements : 58 fr.; 30 fr. et 15 fr. Étranger : 66 fr.; 33 fr. et 17 fr.

27e année. — Chaque livraison se compose de deux feuilles de texte gr. in-4 à double colonne, et d'une ou deux gravures, eaux-fortes ou lithographies. Les abonnés à l'année entière reçoivent en outre quatre magnifiques planches grand format, à titre de prime.

Audience (l'), bulletin des tribunaux civils, administratifs, criminels, de commerce et de paix. Le jeudi et le dimanche de chaque semaine. In-fol., 4 p., 4 col. Secrétaire de la rédaction, Dufresne. Rue Coq-Héron, 5. France : un an, 18 fr.; six mois, 10 fr.; 3 mois, 5 fr. Le numéro, 15 c.

Numéro 1, nouvelle série, 2 août 1857.

Avant-Scène (l'). Théâtres, littérature, beaux-arts, modes. Quotidien. Gr. in-4, 4 p. 4 col. Rédacteur en chef, Xavier Fauvelle. Rue Amelot, 64. France : un an, 40 fr.; 6 mois, 20 fr.; 3 mois, 10 fr.

B

Bibliographie de la France, journal général de l'imprimerie et de la librairie, publié sur les documents fournis par le ministère de l'intérieur. Tous les samedis. In-8. Rue Bonaparte, 1. — France : un an, 20 fr.

Fondé le 1er novemb. 1811 par MM. Beuchot et Pillet. Dirigé depuis le 1er janvier 1857 par le *Cercle de la librairie*, dont il est devenu la propriété. Chaque numéro est accompagné, 1° d'un feuilleton commercial : 2° d'une chronique.

Bibliophile, correspondance autographiée. In-4. Hebdomadaire. Rédacteur-gérant, B. Geanvié. Rue Mont-Thabor, 12.

Faits divers, anecdotes, nouvelles littéraires, etc., pour les journaux des départements.

Bibliophile (le), journal de bibliographie universelle, compte rendu hebdomadaire des œuvres intellectuelles de la France et de l'étranger. Littérature, sciences, beaux-arts. Le dimanche. In-4, 8 p., 2 col. Rédacteur en chef, Félix Foucou. Rue Coq-Héron, 5. — Paris : un an, 8 fr. ; 6 mois, 5 fr. Départements : 10 fr. et 6 fr. Étranger : suivant la taxe. Le numéro, 15 cent.

1re année. — Avec cette épigraphe : *De la lumière ! plus de lumière encore !* (Dernière parole de Goethe.)

Bibliothèque de l'École des chartes. Tous les deux mois. Grand in-8, 80 à 112 p. Quai des Augustins, 13. Librairie Dumoulin.—Paris : un an, 10 fr. Départements : 12 fr. Étranger : 15 fr.

18° année. Troisième série.

Bon (le) ton, journal de modes, littérature, beaux-arts, théâtres, etc. 2 vol. par an. 4 fois par mois. Gr. in-8, 16 p., 2 col. Rue Sainte-Anne, 64. — France : un an, 28 fr. ; 6 mois, 15 fr. ; 3 mois, 7 fr. 50.

Chaque mois, une feuille de broderies et de patrons de grandeur naturelle d'après les premières maisons de Paris. — Le *Bon ton* publie une édition anglaise.

Bourse (la), journal de tous les grands intérêts du pays et des chemins de fer. Le samedi. In-4, 8 p., 3 col. Directeur-gérant, E. Chavet. Rue du Faubourg-Montmartre, 33. —Paris : un an, 12 fr.; 6 mois, 6 fr. Départements : 15 fr. et 7 fr. Étranger : 18 fr. et 9 fr.

Bourse (la) de Paris, chronique de la semaine, conseils aux spéculateurs, anecdotes curieuses, échos du monde financier, renseignements, etc.; par un huitième d'agent de change. Tous les dimanches. Gr. in-18, 32 p. Rue d'Antin, 22.—Paris : un an, 12 fr.; 6 mois, 6 fr. 50. Départements : 14 fr. et 7 fr. 50.

Bulletin de l'Académie impériale de médecine, rédigé sous la direction de MM. Dubois (d'Amiens), secrétaire perpétuel, et Depaul, secrétaire annuel. Tous les 15 jours. In-8, 48 p. Rue Hautefeuille, 19.— France : un an, 15 fr.

La collection du 1er octobre 1836 au 30 septembre 1856, 21 volumes de plus de 1,100 pages chaque : 150 fr.

Bulletin administratif de l'instruction publique. Mensuel. In-8, 12, 16 et 24 p. Rue Saint-Honoré, 45, librairie P. Dupont.

Publié par les soins du ministère de l'instruction publique et des cultes.

Bulletin annoté des lois, décrets, arrêtés, avis du conseil d'État, etc.; par M. Nap. Bacqua de Labarthe, avocat, et P. Dupont, député au corps législatif. Recueil complet de législation française. In-8. Mensuel. Rue de Grenelle-Saint-Honoré, 45 : un an, 2 fr. 50.

Bulletin bibliographique de Hector Bossange et fils, libraires et commissionnaires pour l'exportation. Liste des ouvrages nouveaux publiés en France. Le 8 de chaque mois. In-8., 8 p., 2 col. Quai Voltaire, 25.

Envoyé gratuitement aux correspondants et aux personnes qui en feront la demande.

Bulletin du bibliophile, revue mensuelle publiée par J. Techener, avec le concours de MM. L. Barbier, administrateur à la bibliothèque du Louvre, A. Briquet, G. Brunet, E. Casteigne, bibliothécaire à Angoulême, J. Chenu, V. Cousin, de l'Académie française, Cuvillier-Fleury, etc... Contenant des notions bibliographiques, philologiques, historiques, littéraires, et le catalogue raisonné des livres de l'éditeur. (13° série). In-8, 48 p. — Paris : un an, 12 fr. Départements : 14 fr. Étranger : 16 fr.

Fondé en 1834.

Bulletin du bouquiniste, publié par Auguste Aubry, libraire. Le 1er et le 15 de chaque mois. In-8, 16 p. Rue Dauphine, 16. — Paris : un an, 3 fr. Départements : 4 fr. Étranger : 5 fr.

Bulletin du comité de la langue, de

l'histoire et des arts de la France, institué près le ministère de l'instruction publique et des cultes. Le 15 de chaque mois. In-8, 64 à 164 p. Rues Bonaparte, 5; Grenelle-Saint-Honoré, 45. — France : un an, 9 fr.

Bulletin des contributions directes et du cadastre. Publication mensuelle. In-8, 64 p. Rue Saint-Honoré, 45, librairie P. Dupont. — France : un an, 13 fr.

26ᵉ année.

Bulletin des crèches et de l'éducation populaire. Quatre fois par an. In-8, 48 p. Rue Saint-Honoré, 338, chez Guiraudet et Jouaust; quai Malaquais, 15, librairie Comon; rue de la Paix, 6, librairie Amyot; rue Richelieu, 14, librairie Guillaumin. France : un an, 6 fr. Étranger : 10 fr.

12ᵉ année.

Bulletin de l'œuvre des pèlerinages à la terre sainte. In-8, 32 p. Gérant, J. Heurtaux, rue Furstemberg, 6.

Ce journal est publié sans indication de périodicité ou de prix d'abonnement.

Bulletin général de thérapeutique médicale et chirurgicale; recueil pratique publié par le docteur Debout. Deux fois par mois. In-8, 48 p. Rue Thérèse, 4. —France : un an, 18 fr. Étranger : 22 fr.

28ᵉ année. Cinquième série.

Bulletin du Grand-Orient de France, suprême conseil pour la France et les possessions françaises. Publication mensuelle. In-8. Hôtel du G.·. O.·. rue Cadet, 16.

Bulletin des halles et courrier des marchés (réunis); feuille quotidienne des denrées agricoles paraissant le soir. In-4. Directeur-gérant, L. Desgraz. Rue de Sartine, 1. — Paris : un an, 25 fr.; 6 mois, 13 fr.; 3 mois, 7 fr. Départements : 36 fr.; 19 fr.; 10 fr.

Il paraît une édition à 3 numéros par semaine.

Bulletin indicateur des travaux du bâtiment (sans périodicité fixe). Petit in-f., 4 p. Gérant, J. Couraud.

Rue de la Cité, 36. — Paris : un an, 16 fr.; 3 mois, 4 fr.

3ᵉ année.

Bulletin de l'instruction primaire, journal d'éducation et d'enseignement publié sous les auspices de S. E. le ministre de l'instruction publique. Deux livraisons par mois. In-8, 32 p. Rédacteur en chef, L. C. Michel. Rue Grenelle-Saint-Honoré, 45. — Paris et départements : un an, 6 fr.

Bulletin de l'intendance et des services administratifs de l'armée de terre. Recueil de documents officiels concernant les fonctionnaires de l'intendance et les officiers d'administration, etc. Paraissant une fois par mois. In-8, 16 à 32 p. Directeur-gérant. V. Rozier. Rue Childebert, 11. —France : un an, 12 fr. Italie : 16 fr. 50. Autres pays étrangers : suivant le tarif des postes.

Bulletin international du libraire et de l'amateur de livres, paraissant les 1ᵉʳ et 15 de chaque mois. Recueil fondé par M. Robert Lippert, et continué par Charles Lahure, imprimeur, sous la direction de M. G. Vapereau. In-8, 16 p., 2 col. Rue de Vaugirard, 9. — France : un an, 6 fr. Étranger : le port en sus.

Bulletin des justices de paix. Recueil périodique de législation et de jurisprudence : 1° sur les attributions des juges de paix, des officiers du ministère public près les tribunaux de police, des greffiers, des huissiers et des commissaires-priseurs; 2° sur les autres matières du droit le plus en usage et que les Codes français ont réglées; par E. Longchamps, avocat. Une fois tous les trois mois. In-8. Rue Savoie-Dauphine, 9. — France : un an, 4 fr.

Bulletin des lois civiles ecclésiastiques; journal encyclopédique du droit et de la jurisprudence en matière religieuse et du contentieux du culte... sous la direction de M. G. de Champeaux, avocat. Mensuel. In-8, 32 p. Rue Cassette, 25. — France : un an, 8 fr. Étranger : 10 fr.

9ᵉ année. — La collection se compose de 8 vol. Prix de chaque volume envoyé franco : 6 fr.

Bulletin mensuel de l'administration des postes. In-8. 32 p.

Ce Recueil est exclusivement destiné aux employés des postes.

Bulletin mensuel de l'enregistrement, du timbre, des droits de greffe, des hypothèques, des amendes et de la manutention des employés; faisant suite aux ouvrages de M. Masson Delongpré. In-8, 32 p. Directeur-gérant; Muzard, éditeur, propriétaire du *Dépôt des lois*. Place Dauphine, 27.—Paris et départements, un an, 7 fr.

Bulletin mensuel de la Société impériale zoologique d'acclimatation, fondée le 10 février 1854. In-8, 64 p. Place de l'École-de-Médecine, libr. V. Masson. — Paris : un an, 12 fr. Départements et étranger : 14 fr.

Gratuit pour los membres de la Société.

Bulletin officiel des chemins de fer et de la navigation. Le samedi de chaque semaine. Rue Montmartre, 125. Propriétaire-gérant, J. Maillard. — In-4, 16 p. — Paris : un an, 16 fr. Départements : 20 fr. Étranger : 24 fr.

Bulletin officiel des courses de chevaux, publié sous les auspices de la Société d'encouragement pour l'amélioration des races de chevaux en France. Le samedi. In-4. 4 p., 3 col. Gérant, Grandhomme. Rue Marivaux, 11. — Bruxelles, rue Montagne-de-Sion, 17. — France : un an, 20 fr. Étranger : le port en sus.

Bulletin officiel du ministère de l'intérieur. Mensuel. In-8. Rue de Grenelle-Saint-Honoré, 45. — France : un an, 5 fr.; pour les maires : 4 fr.

Bulletin des séances de la Société impériale et centrale d'agriculture. Compte rendu mensuel rédigé par M. Payen, secrétaire perpétuel. In-8. 64 à 80 p. Rue de l'Abbaye-Saint-Germain, 3; rue de l'Éperon, 5, libr. veuve Bouchard-Huzard. — Paris : un an, 6 fr. Départements: 8 fr.

Bulletin de la Société impériale des antiquaires de France. Tous les trois mois. In-8, 64 p. Au secrétariat de la Société, palais du Louvre; libr. Dumoulin, quai des Augustins, 13.

Bulletin de la Société botanique de France, fondée le 23 avril 1854. Mensuel. In-8, 48 p. Rue du Vieux-Colombier, 24. — France : un an, 30 fr.

Gratuit pour les membres de la Société.

Bulletin de la Société d'encouragement pour l'industrie nationale, rédigé par les secrétaires de la Société, MM. Combes et Peligot, membres de l'Académie des sciences. Mensuel. In-4. Rue Bonaparte, 44.

Envoyé franco aux sociétaires qui peuvent se procurer les 52 volumes de la première série, au prix de 6 fr. chaque vol.

Bulletin de la Société française de photographie. Mensuel. In-8, 64 p. Rue Drouot, 11. — France : un an, 12 fr. Étranger : 15 fr.

Bulletin de la Société géologique de France. In-8. Mensuel. Rue du Vieux-Colombier, 24. Un an, 30 fr.

Cette Société, fondée le 17 mars 1830, a été autorisée par ordonnance royale du 3 avril 1832. La collection de ses Bulletins comprend : première série, 14 vol.; deuxième série, en cours de publication, 12 vol.

Bulletin de la Société de l'histoire de France. Tous les mois. In-8. Rue de Tournon, 6, librairie veuve J. Renouard. — France : un an, 3 fr.

Bulletin de la Société de l'histoire du protestantisme français. Documents historiques inédits et originaux. XVIe, XVIIe et XVIIIe siècles. In-8. 12 numéros par an. Agence centrale, rue Sainte-Anne, 13; les librairies protestantes. — Paris : un an, 13 fr. Départements et étranger : 15 fr.

Bulletin de la Société de géographie, rédigé sous la direction de la section de publication, par M. Alfred Maury, secrétaire général de la commission centrale, et M. V. A. Malte-Brun, secrétaire-adjoint. Mensuel. In-8, 64 à 96 p., avec cartes et plans. Rue Hautefeuille, 24; libr. Arthus Bertrand. — Paris : 12 fr. Départements : 15 fr. Étranger : 18 fr.

Bulletin de la Société des gens de lettres. In-8. Mensuel. Cité Trévise, 14, à l'Agence générale de la société.

Les articles du *Bulletin* ne peuvent être reproduits ou traduits, en France et à l'étranger, que par les journaux qui ont traité avec la Société des gens de lettres.

Bulletin de la Société médicale des hôpitaux de Paris. In-8. Tous les deux mois. Secrétariat général, boulevard de la Madeleine, 15.

Destiné aux membres de la Société.

Bulletin de la société protectrice des animaux. Mensuel. In-8, 48 p. Rue de Lille, 19. — France et étranger : 8 fr.

Gratis pour les membres de la Société.

Bulletin de la Société de Saint-Vincent de Paul. Mensuel. In-8, 32 p. Directeur, A. Cholet. Rue Furstemberg, 6. — France : un an, 3 fr. Le numéro, 50 c.

9ᵉ année.

Bulletin des sociétés de secours mutuels, revue des institutions de prévoyance. Mensuel. Grand in-8, 32 p. Rédacteur-gérant, Alexis Chevalier. Rue de Grenelle-Saint-Honoré, 45. — Paris et départements : un an, 6 fr.

Bulletin spécial des huissiers et des clercs d'huissiers. Recueil mensuel de législation, de jurisprudence et de doctrine, fondé par J.-L. Jay, et continué par une réunion d'avocats et de praticiens. In-8, 32 p. Rue Christine, 2. — France : un an, 6 fr.

Bulletin trimestriel de la Société forestière. In-8. Rue de la Chaussée-d'Antin, 21.

Pour les membres de la Société.

Bulletin de l'union chrétienne de jeunes gens. Mensuel. In-4, 4 p., 2 col. Rédacteur, Fréd. Monnier. Rue Jacob, 6.

Recueil protestant distribué aux associés.

Bulletin de l'Union des poëtes. Mensuel. In-8, 4 p. Directeur, F. de Reiffenberg fils. Rue Neuve-des-Mathurins, 83. — France : un an, 3 fr.

C

Cabinet (le) historique. Revue mensuelle contenant, avec un texte et des pièces inédites, le catalogue général des manuscrits des diverses bibliothèques publiques de Paris et des départements, touchant l'histoire de l'ancienne France et de ses diverses localités. Sous la direction de L. Paris. In-8, 48 à 56 p. Rue Rambuteau, 2. — Paris : un an, 12 fr. Départements : 14 fr. Étrangers : port en sus.

Caprice (le). Journal des modes. Revue des théâtres, de la littérature et des arts paraissant les 10, 20 et 30 de chaque mois, avec 68 gravures et 4 planches de patrons par an. In-4. Rue Sainte-Anne, 64. — Paris : un an, 22 fr.; 6 mois, 12 fr. Départements : 23 fr. et 13 fr. Espagne : 31 fr. et 16 fr.

Caprichosa (la), periodico del buen tono; revista mensual de modas, literatura, musica, teatros y artes. Directora, señora doña Em. Serrano de Wilson. In-8, 16 p., avec une gravure de modes coloriée. Passage Saulnier, 10. — Paris : un an, 10 fr. Espagne, Angleterre, 12 fr. Amérique : 3 pesos fuertes.

Caricature (la). Tous les jours. In-4, 3 col. Directeur-propriétaire, Ducrot. Rue du Croissant, 16; place de la Bourse, 12. Se vend au numéro, 20 c.

Tous les jours un dessin par Cham, Daumier ou Maurisset. — Reproduction des articles du *Charivari* — Programme des spectacles. — Annonces industrielles.

Carnet du placier; guide des résidences. Quotidien. In-8, 2 p. Rue Vivienne, 38 *bis*.

Se distribue gratis.

Catalogue de lettres autographes, manuscrits, documents historiques, etc. de A. Laverdet. — Paris, rue Saint-Lazare, 24. Mensuel. In-8.

Distribué gratuitement.

Catalogue de livres provenant de diverses bibliothèques, en vente chez Delaroque, libraire, quai Voltaire, 21. Mensuel. In-12.

Distribué gratuitement.

Catalogue mensuel des nouveautés de la librairie parisienne, publié par madame veuve Jules Renouard, contenant le titre détaillé et le prix de tous les ouvrages de quelque importance publiés pendant le mois précédent, avec le nom de l'éditeur. In-8, 4 p., 2 col. Rue de Tournon, 6. — Anvers, librairie J.-B. Van Mol-Vanloy. — France : un an, 1 fr. Départements et étranger : 2 fr. 25 abonnements pour les libraires, 6 fr.; 50 abonnements, 10 fr.; 100 abonnements, avec le nom du libraire-distributeur, 18 fr.

Causeur (le) universel; littérature, beaux-arts, théâtres, etc. Grand in-4, 3 col., 2 fois par mois. Rédacteur en chef, M. H. Cellier-Dufayel. — Rue de la Chaussée-d'Antin, 26. — Paris : un an, 12 fr. Départements : 15 fr. Étranger : 20 fr.

Cendrillon. Journal encyclopédique de tous les travaux de dames avec la collaboration spéciale de M. Sajou. Mensuel. In-16, 32 p. Rue Rambuteau, 52; rue Richelieu, 92. — Paris : un an, 4 fr. 50. Départements : 6 fr. Espagne et Portugal : 14 fr. 50. Autres pays : 7 fr.

Centre (le) africain, journal de l'Algérie. Revue de l'Afrique, de l'Orient et des colonies. Moniteur de l'émigration et de la colonisation dans les deux mondes. Bulletin de l'esclavage et de l'émancipation. Paraissant les 10 et 25 de chaque mois. In-fol., 4 p., 5 col. Propriétaire-directeur, Garbé. Bureaux, rue de Provence, 3. — France et Algérie : un an, 10 fr.; 6 mois, 5 fr.; le numéro : 25 c. Colonies et étranger : le port en sus.

Chronique (la) artistique et littéraire. Tous les dimanches. Grand in-4, 8 p., 3 col. Propriétaire-rédacteur en chef, J. Marie Cournier. Rue de la Bourse, 10 — Paris : un an, 14 fr.; 6 mois, 8 fr.; 3 mois, 5 fr. — Départements : 16 fr., 9 fr. et 5 fr. 50. Étranger, suivant le pays. Le numéro : 30 c.

Chronique des travaux publics. Mensuelle. Gr. in-8, 8 p. Rue Cassette, 25 fr. — France : un an, 6 fr. Étranger : 8 fr.

Chroniqueurs (les) parisiens, paraissant deux fois par semaine, le jeudi et le dimanche. Petit in-fol. 4 p., 3 col. Directeur, Leneveux. Bureaux, rue Coq-Héron, 5. — France : un an, 18 fr.; six mois, 10 fr.; 3 mois, 5 fr.

Cinq centimes illustrés, journal hebdomadaire, édité par Serrière, imprimeur. In-4, 8 p., 2 col. Rue Montmartre, 123. — Paris et départements : 4 fr. Étranger : le port en sus.

Coiffeur (le) parisien, journal de la coiffure. Articles spéciaux sur l'art de la coiffure. Littérature, nouvelles, chronique du monde, théâtres. Le 2° samedi de chaque mois. In-8, 4 p. 2 col. avec 2 planches coloriées. Gérant, J. Thiéry. Boulevard des Italiens. 1. — Paris et départements : un an, 9 fr.; six mois, 5 fr.; 3 mois, 3 fr. Un numéro, 1 fr. 25.

Collection complète des lois, décrets, ordonnances, règlements et avis du conseil d'État, de 1788 à 1836 inclusivement, par ordre chronologique; publiée sur les éditions officielles; continuée depuis 1836 et formant un volume chaque année; par M. J.-B. Duvergier, conseiller d'État, etc. Mensuel. In-8, 32 p., 2 col. Rue de Seine, 79. — France : un an, 10 fr.

Colombe (la) du Massis, messager de l'Arménie, rédigé par Gabriel V. Aivazovsky et Ambroise V. Calfa. Mensuel. In-4, 24 p. 2 col. Bureaux, rue Saint-Sulpice, 38, et rue Bonaparte, 44. — Paris : un an. 20 fr. Étranger : selon la taxe postale. Une livraison, 3 fr.

Journal en langue arménienne avec traduction française en regard.

Coloration (la) industrielle, journal spécial de la teinture et de l'apprêt des étoffes, de la production et de la préparation des matières tinctoriales, etc. Tous les 15 jours. In-4, 8 p. 2 col. Rédacteur-gérant, Lecouturier. Rue des Halles, 5. — France : un an, 15 fr.; 6 mois, 8 fr. Étranger : un an, 20 fr.

1re annexe du *Musée des Sciences.*

Commerce (le) et le crédit. In-fol., 5 col. Gérant, Fleuranseaux. Passage Sainte-Croix-de-la-Bretonnerie. 11. Deux grands numéros par semaine, le jeudi et le dimanche. — France : un an, 22 fr.; six mois, 13 fr. — Avec le prix courant les lundi, mardi, jeudi et vendredi soir; 40 fr. et 22 fr.

Comptes rendus hebdomadaires des séances de l'Académie des sciences, par MM. les secrétaires perpétuels. In-4, 80 p. Quai des Augustins, 55. —Paris : un an, 20 fr. Départements : 30 fr. Étranger : selon la taxe.

Depuis 1835, les *Comptes rendus* hebdomadaires paraissent régulièrement le dimanche et forment à la fin de l'année deux vol. avec tables.

Conseiller (le) des dames et des demoiselles, journal d'économie domestique et de travail à l'aiguille. Mensuel. In-8. — Rue Montmartre, 159. — Paris: un an, 10 fr. Départements : 12 fr.

Conseiller (le) de l'enseignement public. Paraissant une fois par mois (le 15). In-4, 16 p., 3 col. Rue du Cloître-Saint-Benoît, 10, librairie Dezobry, E. Magdelaine et comp. — France : un an, 6 fr. 50; 3 mois, 3 fr. 25.

5e année.

Constructeur (le) universel, journal des travaux publics et particuliers de toute la France. Bulletin complet des adjudications administratives, revue critique de tous les travaux récents et en voie d'exécution. Les jeudi et dimanche de chaque semaine. Propriétaire-directeur, Jules Delahaye. Rue de l'École-de-Médecine, 32 et 34. — Paris: un an 24 fr.; 6 mois, 13 fr. Départements: 25 et 14 fr.

Contemporains (les), journal critique et biographique. Le mardi de chaque semaine. In-4 , 8 p. 3 col. Rédacteur en chef, Eug. de Mirecourt. Bureaux, rue Coq-Héron, 5. —Paris et départements : un an, 18 fr ; 6 mois, 10 fr.; 3 mois, 5 fr.

Avec cette épigraphe : « *Vérité quand même. — Vérité toujours...*

Contrefaçon (la) en matière de brevets d'invention, modèles, dessins, marques de fabriques, noms, enseignes, littérature, musique et arts. Comptes rendus des tribunaux. 1er et 15 de chaque mois. Petit in-fol. 4 p., 3 col. Directeur-gérant, Gardissal. Bureaux, boulevard Saint-Martin, 29. — Paris : un an, 6 fr. Départements : 7 fr. Le numéro, 30 c.

Voyez Invention (l').

Contrôleur (le) de l'enregistrement, recueil du notariat, contenant toutes les décisions administratives et judiciaires sur l'enregistrement, le timbre , les hypothèques et le notariat, par MM. Rigaud, Alexis Leroux et Joseph Camps, avocats. Mensuel. In-8, 48 p. Rue d'Anjou-Dauphine, 8. — France : un an, 10 fr.

38e année. — Les volumes antérieurs à 1857 se vendent séparément 5 fr. au bureau, et 6 fr. par la poste.

Corbeille (la), journal de modes. Le 1er de chaque mois. Gr. in-8, 8 p., 2 col. Rue Sainte-Anne, 64. — Paris : un an, 8 fr.; 6 mois, 4 fr. 50. Départements : 9 fr. et 9 fr. 50 Étranger : 10 et 6 fr.

Avec chaque numéro, deux grav. de modes; tous les trois mois, une planche de grands patrons, robes. lingeries, etc. — La *Corbeille* publie une édition anglaise.

Corps du droit français ou Recueil complet des lois, décrets, ordonnances, sénatus-consultes, messages, arrêtés, règlements, etc. ; mis en ordre et annotés par C.-M. Galisset, ancien avocat au conseil d'État. Mensuel . In-8 , 32 à 64 p. Place Dauphine , 27, librairie Cosse. — France : un an, 7 fr. 50.

Collection complète de 1789 à 1854 inclus. Prix, 135 fr.

Correspondance générale de l'industrie pour les journaux de la province et de l'étranger. Tous les jeudis. In-fol. 4 p. 5 col. Directeur-gérant, Duport. Rue Feydeau, 24.

La *Correspondance* est gratuite pour les journaux qui insèrent une fois par semaine son *Bulletin financier* et qui justifient de cette insertion.

Correspondance (la) littéraire. Critique, beaux-arts, érudition. Le 5 de chaque mois. Petit in-4, 48 col. Directeur-gérant , Ludovic Lalanne. Rue des Poitevins, 14; rue des Grès, 7, librairie A. Durand. — France : un an, 10 fr.; 6 mois, 5 fr. Étranger : le port en sus.

La *Correspondance littéraire* est la partie la plus intéressante de l'*Athenœum français*, qui s'est fondu au mois de novembre 1856 dans la *Revue contemporaine*. Le nouveau recueil conserve tous les principaux rédacteurs de l'*Athenœum* : MM Ampère, de Saulcy, Egger, de l'Institut, Asselineau, Beulé, Ed. Goepp, L. Enault, O. de Watteville; il a pour directeur l'habile et savant M. Lud. Lalanne.

Correspondant (le) des justices de paix et des tribunaux de simple police. Recueil mensuel de législation, de jurisprudence, de doctrine et de correspondance consultative sur les attributions des juges de paix, suppléants, commissaires de police, greffiers, huissiers et officiers de police judiciaire, publié, avec la collaboration de plusieurs jurisconsultes et administrateurs, par M. A. Bost, avocat, ancien préfet, etc... Le 10 de chaque mois. In-8, 40 p. Rue d'Anjou-Dauphine, 8.—France : un an, 10 fr.

7ᵉ année. — Le *Correspondant* forme la suite et le complément de l'*Encyclopédie des Justices de paix et des tribunaux de simple police*, par M. A. Bost.

Cosmos. Revue encyclopédique hebdomadaire des progrès des sciences et de leurs applications aux arts et à l'industrie. In-8, 24 p. Rédacteur en chef, l'abbé Moigno. Rue de l'Ancienne-Comédie, 18. — Paris : un an, 20 fr.; 6 mois, 13 fr. Départements : 23 fr. et 14 fr. Étranger : 25 fr. et 15 fr.

6ᵉ année.

Coupeur (le). Journal des tailleurs. Le 15 de chaque mois. Grand in-8, 8 p., 2 col. Rue Sainte-Anne, 64. — Paris : un an, 6 fr. 50; 6 mois, 4 fr. Départements : 8 fr. 50 et 5 fr. 50. Étranger : suivant les destinations.

Avec chaque numéro, deux gravures de mode et des patrons de grandeur naturelle.

Courrier (le) de la Bourse et des chemins de fer, journal des banquiers et des actionnaires. Revue hebdomadaire des chemins de fer, des sociétés industrielles et agricoles, paraissant tous les jeudis. In-4, 8 p., 3 col. Directeur, A. Bouyer. Rue Cassini, 22. — France : un an, 6 fr. Étranger : 12 fr.

Courrier des chemins de fer, contenant les départs officiels des chemins de fer, ou guide par ordre alphabétique des chemins de fer, bateaux à vapeur, diligences, hôtels, etc., fondé par le journal *la Presse*. Hebdomadaire. Grand in-4, 8 p. Propriétaire-gérant, Henri Durr. Bureaux, rue Montmartre, 123. — Paris et l'étranger : un an, 20 fr.; 6 mois, 15 fr.

Courrier (le) du commerce; journal du commerce en gros, des grandes entreprises industrielles et des chemins de fer. Tous les dimanches. In-fol., 4 p., 5 col. Directeur-gérant, A. Duport. Bureaux, rue Feydeau, 24. — Paris : un an, 10 fr. Départements : 12 fr. Étranger : 15 fr.

Courrier (le) des communes. Nouveau journal des conseillers municipaux, des conseillers de département et d'arrondissement, des maires, juges de paix, instituteurs, etc., etc. Mensuel. In-8. Rue des Moulins-Saint-Roch, 20. — France : un an, 10 fr.

Courrier (le) des familles; journal de la santé. Recueil universel des connaissances utiles. Le 1ᵉʳ et le 15 de chaque mois. In-4, 8 p., 2 col. Gérant, E. Simonnet. Rue Baillet, 1. —Paris : un an, 6 fr. Départements : 8 fr. Étranger : 10 fr.

Courrier franco-italien. Journal hebdomadaire international. — Industrie. — Science. — Littérature. — Beaux-arts. — Théâtres. Directeur, G. Carini. Tous les jeudis. Boulevard des Italiens, 4. — Paris : un an, 24 fr.; 6 mois, 14 fr. Départements : 26 fr. et 15 fr. Étranger : 30 fr. et 17 fr. Le numéro : 25 c.

Courrier (le) de la jeunesse; journal des familles et des écoles, publié par la Société de la jeunesse chrétienne. Paraissant le 1ᵉʳ et le 3ᵉ dimanche de chaque mois, Gr. in-8, 16 p., 2 col. avec illustrations. Gérant, Paul Leloup. Rue de Tournon, 29, librairie Ch. Douniol.— France : un an, 1ʳᵉ édit., papier satiné, avec 4 primes, 5 fr. 50. Belgique : 8 fr. Autres États : 10 fr. 2ᵉ édition, papier ordinaire : 3 fr. 75; 5 fr. 75; 6 fr. 50.

Courrier de la librairie. V. *Propriété (la) littéraire et artistique.*

Courrier (le) médical; journal des journaux de médecine. Bimensuel. Grand in-4, 16 p., 2 col. Directeur-gérant, C. A. Philippe. Rue Gît-le-Cœur, 6. — France : un an , 3 fr. Étranger : 4 fr. 50 avec l'*Électricité médicale* : 5 fr. et 8 fr.

Voyez *Electricité (l') médicale.*

Courrier (le) de la mode ; journal des dames et des demoiselles. Le 1er de chaque mois. Grand in-4, 32 p., 2 col., avec gravures de modes. Rues du Dragon, 15 et de Rivoli, 212. — Paris : un an, 10 fr. Départements : 12 fr.

Cours de la banque et de la bourse. Quotidien. In-8, 2 p. C. de Choisy, éditeur. Rue Richelieu, 92. Le numéro : 10 c.

Cours familier de littérature. Un entretien par mois ; par M. de Lamartine. Mensuel. In-8, 80 p. Bureaux, rue de la Ville-l'Évêque , 43. — France : un an, 20 fr. Angleterre : 26 fr.

« Étudier la littérature universelle en tout siècle, en tout pays, en toute langue, avec intelligence et scrupule, apprécier les œuvres, les commenter, les offrir en exemples plus qu'en règles à l'esprit ; inspirer ainsi la notion et le goût des lettres même aux illettrés, telle est la pensée de cette œuvre. »

Le cours familier de littérature est traduit en langue espagnole par D. J. Bermudez de Castro. On souscrit, à Paris, rue Pavée-Saint-André-des-Arts, 3, libr. Morizot ; à Madrid, calle de Santa Teresa. 8, libr. P. Mellado. Prix de l'abonnement annuel, 30 fr.

Cours général des actions, des entreprises industrielles et commerciales. Gazette des chemins de fer, etc., fondé et publié par J. Bresson. Tous les jeudis. In-8 , 16 p. Place de la Bourse, 31. — Paris : un an, 7 fr. Départements : 8 fr. Étranger : 12 fr.

Crédit (le) financier. Hebdomadaire. In-fol., 4 p., 4 col. Caisse et administration, rue de la Bourse, 7. — Paris et départements : un an, 4 fr. Étranger : 12 fr.

Crédit (le). Revue des institutions agricoles, financières et industrielles. Mensuel. In-8 , 16 p. Rue Neuve-des-Mathurins , 18. un an, 3 fr.

Correo (el) de Ultramar ; periodico universal. Politica, — literatura, — artes, — ciencias, — industria, — comercio , — medicina, — tribunales, — agricultura, — teatros, — musica, — modas, — anuncias. Gr. in-fol., 4 p., 7 col. Directeurs-propriétaires, J. Delassale et Mélan. Bureaux , rue du Faubourg-Montmartre, 10.

Le *Correo de Ultramar* paraît tous les mois. Il publie toutes les semaines une partie littéraire illustrée (*Parte literaria*) et de plus un recueil mensuel de romans (*Novelas selectas*).

Ce journal est destiné aux colonies espagnoles. Le prix varie suivant les pays.

D

Diable (le) boiteux de 1823. Le mardi et le vendredi. In-4, 8 p., 3 col. Rédacteur en chef, Eug. de Monglave. Bureaux, rue de l'École-de-Médecine, 20. — Paris : un an , 28 fr.; 6 mois, 16 fr. ; 3 mois, 8 fr. Départements, 32 fr.; 18 fr. et 9 fr. Le numero, 25 c.

Disciple (le) de Jésus-Christ ; recueil et revue des progrès du protestantisme ; publié par J. Martin-Paschoud. In-8, 96 p. Rues de Rivoli, 206; de la Monnaie, 10. — France : un an , 10 fr.

Divan (le) industriel, artistique, agricole, dramatique et littéraire. Les dimanches. In-fol., 4 p. 5 col. Rédacteur en chef , H. Maignand. Rue Saint-Claude (Marais), 10. — Paris : un an, 20 fr.; 6 mois, 10 fr. Départements, 24 fr. et 12 fr. Étranger : le port en sus.

E

Écho (l') des feuilletons ; journal littéraire illustré par nos premiers artistes. Le 15 de chaque mois. In-8, 48 p., 2 col. Directeurs, MM. Dufour, Mulat et Boulanger. Quai Malaquais, 21. — Paris : un an, 6 fr., et avec gravures séparées, 8 fr. Départements : 7 fr. et 9 fr.

Écho (l') littéraire, magasin des feuilletons, paraissant tous les dimanches. Gr. in-8, 32 p. 2 col. Rédacteur en chef, A. Robet. Rue Vivienne, 49. — France : un an , 10 fr. ;

6 mois, 5 fr. 50 ; 3 mois, 3 fr. Étranger : le port en sus.

Écho (l') médical de Paris, journal hebdomadaire et encyclopédique des sciences médicales ; par le docteur Armand, médecin militaire, etc. Tous les dimanches. In-4, 8 p., 2 col. Rue Childebert, 11.—France : un an, 10 fr. Angleterre : 12 fr. Autres payés : suivant la taxe.

Écho (l') du *Petit courrier des dames* et la *Toilette parisienne* réunis. Mensuel. In-8, 16 p., 2 col. Boulevard des Italiens, 1. — Paris : un an ; 10 fr. Départements : 10 fr. 50.

Avec chaque numéro, gravures de modes et patrons variés.

Écho (l') des tailleurs ; journal de modes pour hommes, paraissant 6 à 8 fois par an. In-4, 8 p. 2 col. Directeurs-gérants, Legraverand et Vaillant. Rue du Caire, 5. France : un an, 8 fr. Étranger : 10 fr.

Échos (les) de Paris, par Louis Lavedan ; revue mensuelle paraissant le 15 de chaque mois. Gr. in-18, 36 p. Rue Neuve-Saint-Augustin, 22, librairie Magialy et comp.— France : un an, 6 fr. Le numéro, 50 c.

Eco (El) hispano-americano. Revista quincenal enciclopedica. Orden y progresso. In-fol.. 8 p., 4 col. Une fois et deux fois par mois. Rédacteur en chef, D. E. Segundo Florez. — Passage Saulnier, 10.

Journal destiné aux colonies espagnoles. Le prix d'abonnement varie suivant les pays.

Eco (el) del mundo católico, periódico, religioso, científico y literario, publicado por los señores Leclere y compañia. Le 30 de chaque mois. In-4, 32 p. Rédacteur en chef, D.-E. Velez de Paredes. Rue Cassette, 29.— Europe : un an, 5 pesos fuertes. Amérique : 8 p. f.

École (l') des communes, bulletin du contentieux, revue administrative, consacrée aux maires, conseillers municipaux, membres des conseils généraux et d'arrondissement, et donnant gratuitement des consultations sur les diverses questions d'administration, etc. Mensuel. In-8, 32 p.— Rue de Grenelle-Saint-Honoré, 45.— France : un an, 11 fr.

École (l') de dessin, journal des jeu-nes artistes et des amateurs, donnant tous les mois des modèles élémentaires et nouveaux pour tous les genres de dessin... par une réunion d'artistes et écrivains, etc. In-4, 8 p., 2 col. Rue Suger, 3 ; place de la Bourse, 31. — France : un an, 18 fr. ; 6 mois, 9 fr. 50 ; 3 mois, 5 fr. Le numéro, 1 fr. 75. Étranger, le port en sus.

Avec chaque numéro, 6 planches de modèles variés pour tous les genres de dessin.

Électricité (l') médicale, revue pratique, française et étrangère, de l'électricité, du galvanisme et de l'électro-puncture, appliqués à la thérapeutique, paraissant tous les mois. In-4, 8 p., 2 col. Rédacteur en chef, le docteur D.-sparquets. Rue Gît-le-Cœur, 6. — France : un an, 3 fr. Étranger : 4 fr. 50.

Élégant (l'), journal des tailleurs. Le 1er de chaque mois. Gr. in-8, 8 p., 2 col. Rue Sainte-Anne, 64. — France : un an, 10 fr. ; 6 mois, 6 fr. Étranger : 12 fr. et 7.

Avec chaque numéro, 2 gravures et des patrons de grandeur naturelle. *L'Élégant* publie des éditions anglaise, allemande, espagnole.

Encyclopédie d'architecture, journal mensuel, avec texte et planches gravées. Le 1er de chaque mois. In-4, 8 p. Rédacteur en chef, Ad. Lance. Rue Bonaparte, 13. — France : un an, 25 fr.

Encyclopédie populaire, journal de tout le monde. Tous les samedis. In-8, 16 p., 2 col. Gérant, E. Dillet. Rue du Bac, 6, et passage Sainte-Marie, 3. — France : un an, 5 fr. Étranger : 9 fr.

Enseignement (l') catholique, journal des prédicateurs. Revue mensuelle. Gr. in-8, 64 p. Directeur-gérant, Simon de Vaudiville. Rue Cassette, 25.— France : un an, 12 fr. Étranger : 15 fr.

Prix des six années écoulées (1851-1856), 50 fr.

Entr'acte (l') ; programme des spectacles. Quotidien. In-fol., 4 p. Gérant, Rabasse. Bureaux, rue de la Grange-Batelière, 13. Un an, 48 fr. ; 6 mois, 24 fr. ; 3 mois, 12 fr. ; un mois, 5 fr.

Espérance (l'). Paraissant tous les vendredis. In-4, 2 col. Rues de la Paix, 3, et Saint-Arnaud, 4. — France : un an, 9 fr. Suisse : 11 fr. Autres pays : 12 fr.

Estafette des modes, faisant suite au *Follet*. Les 1er et 15 de chaque mois. Gr. in-8, 8 p., 2 col. Boulevard Saint-Martin, 69. — Paris : un an, 14 fr. — Départements : 16 fr. Un numéro par mois, 7 fr. et 9 fr.

Avec chaque numéro, une ou deux gravures coloriées.

Europe (l') artiste. Quotidien. In-fol., 4 p., 5 col. Rédacteur en chef, Ch. Desolme. Faubourg Montmartre, 57. — Paris : un an, 30 fr.; 6 mois, 16 fr. Départements : 34 fr. et 17 fr. Étranger : 40 fr. et 22 fr.

Programme des spectacles et des concerts, arts, littérature, théâtres.

Exemple (l'), revue universelle des traits de courage, de dévouement, de bienfaisance, etc. Publication mensuelle. In-8, 32 p. Directeur-gérant, le comte Ad. Tab. Krosnowski. Rue Basse-du-Rempart, 44. —Paris : un an, 6 fr. Départements : 7 fr. Étranger : 9 fr.

Tous les trimestres, une gravure.

Éventail (l'), journal de la coulisse théâtrale; organe spécial des artistes dramatiques; littérature, beaux-arts, théâtres. Tous les dimanches. Petit in-fol., 4 p., 3 col. Rédacteur en chef, Turpin de Sansay. Boulevard Saint-Denis, 3. — Paris : un an, 15 fr.; 6 mois, 8 fr.; 3 mois, 4 fr. Départements : 16 fr., 8 fr., 4 fr. 50. Le numéro : 10 centimes.

13e année.

F

Fashion-Théorie. Guide des élégants; journal spécial des tailleurs et des chapeliers. Mensuel. Grand in-8, 8 p. Boulevard Saint-Martin, 69. — France : avec une double gravure coloriée et un double patron, un an, 10 fr.; 6 mois, 6 fr. Avec une gravure d'homme ou de femme en plus, 13 fr. et 8 fr. Étranger, suivant la taxe.

Figaro. Le jeudi et le dimanche. In-4, 8 p., 3 col. Rédacteurs en chef, H.

de Villemessant et B. Jouvin. Rédaction, rue Vivienne, 55. Administration, rue Coq-Héron, 5. — Paris : un an, 28 fr.; 6 mois, 16 fr.; 3 mois, 8 fr.; 1 mois, 3 fr. Départements : 32 fr., 18 fr., 9 fr. et 3 fr. 50.

4e année.

Figaro-Programme. Quotidien. Grand in-4, 4 p., 3 col. Rédacteur en chef, L. Lacoste. Rue Vivienne, 55. Se vend au numéro, 20 centimes.

Théâtres, — littérature, — musique, — beaux-arts, — bourse, — petite gazette, — annonces.

Fleurs religieuses. Album du monde chrétien, par de Limagne et H. Raimond Huhis. Le 15 de chaque mois. Petit in-fol., 8 p. avec gravures anglaises. Rue Dauphine, 16, librairie Mandeville. — France : un an, 24 fr.

Follet (le). Courrier des salons, journal des modes. Tous les dimanches. Grand in-8, 8 p., 2 col. Boulevard Saint-Martin, 69. — Paris : un an, 26 fr.; 6 mois, 13 fr.; 3 mois, 6 fr. 50. Départements : 28 fr., 15 fr. et 7 fr. 50. Étranger, selon le pays. Avec chaque numéro, une ou deux gravures sur acier. 4 grands patrons doubles par an.

Foyer dramatique, programme des spectacles. Quotidien. In-fol., 4 p., 4 col. Gérant, Rabasse. Le numéro, 20 centimes.

Franc-Maçon (le). Sciences, histoire, beaux-arts, littérature. Mensuel. In-8, 32 p. Propriétaire-fondateur, rédacteur en chef, Dechevaux-Dumesnil. Quai des Orfévres, 58. — Paris : un an, 6 fr. Départements : 7 fr. Étranger : 12 fr.

7e année.

France (la) élégante, journal des dames et des salons, artistique et littéraire, sous le patronage de la comtesse Dash. Les 1er et 15 de chaque mois. Grand in-8, 16 p., 2 col. Rue Sainte-Anne, 64. — Paris : un an, 15 fr.; 6 mois, 8 fr. Départements : Corse, Algérie, 28 fr. et 15 fr. Étranger, suivant la destination.

Gravures de modes, dessins de broderies, patrons, musique, etc.

France (la) médicale et pharmaceutique. Le samedi. In-4, 4 p., 3 col. Rédacteur en chef, le docteur Félix Roubaud, rue de la Monnaie, 13.— France : un an, 12 fr. ; 6 mois, 6 fr. Étranger, selon la taxe.

4ᵉ année.

France (la) musicale, journal hebdomadaire. In-4. Rédacteurs, M. et L. Escudier. Rue de Choiseul, 21. — Paris : un an , 24 fr. Départements et Belgique : 26 fr. Étranger : 30 fr.

G

Garde-meuble (le) ancien et moderne, journal d'ameublement publiant régulièrement par an 54 planches. Tous les deux mois. In-4. Directeur, D. Guilmard. Rue de Lancry, 2.

19ᵉ année. — Chaque livraison se compose de 9 planches avec couverture imprimée contenant l'explication de chaque dessin. La publication comprend 3 catégories auxquelles on peut s'abonner séparément. Prix des 3 catégories réunies, 54 feuilles en noir. Paris : un an, 22 fr. 50 ; 6 mois, 11 fr. 25. Départements : 26 fr. et 13 fr. Étranger, 26 fr. et 14 fr. — En noir, Paris : un an, 36 fr. ; 6 mois, 18 fr Départements : 40 fr. et 20 fr. Étranger : 42 fr. et 21 fr Prix de 2 catégories, 36 fr. en noir. Paris : un an, 15 fr.; 6 mois, 7 fr. 50. Départements · 18 fr. et 9 fr. Étranger : 20 fr. et 10 fr. — En couleur. Paris : un an, 24 fr et 12 fr. Départements : 27 fr. et 14 fr. Étranger : 28 fr. et 51 fr. — Prix d'une seule catégorie, 18 feuilles en noir. Paris : un an. 7 fr. 50. Départements : 9 fr. Étranger : 10 fr. — En couleur. Paris, un an, 12 fr. Départements : 14 fr. Étranger : 15 fr.

Gaz (le), journal des consommateurs des gaz d'éclairage et de chauffage, paraissant les 10, 20 et 30, de chaque mois. In-4 , 8 p., 2 col. Rédacteur en chef, Em. Durand. Passage Joufroy, 61. — Paris : un an, 10 fr. Départements : 13 fr. Étranger : 15 fr.

Gazette des Hôpitaux (V. *Lancette*).

Gazette hebdomadaire de médecine et de chirurgie, Bulletin de l'enseignement médical publié sous les auspices du ministère de l'instruction publique. Tous les vendredis. Grand in-8, 16 p., 2 col. Rédacteur en chef, A. Dechambre. — Librairie V. Masson , place de l'École-de-Médecine. — France : un an, 24 fr. Étranger , le port en sus.

Gazette de l'industrie et du commerce, paraissant le dimanche. In-4, 8 p., 3 col. Gérant, A. Castillon. Rue Vivienne, 35.— France : un an, 17 fr.; 6 mois, 10 fr.; 3 mois, 6 fr. Étranger : un an, 19 fr.; 6 mois, 12 fr.

Gazette médicale de Paris. Tous les samedis. In-4, 24 p., 2 col. Rédacteur en chef, Jules Guérin. Rue Racine , 10. — France : un an, 36 fr.; 6 mois, 18 fr.; 3 mois, 9 fr. Étranger : un an , 40 fr.

27ᵉ année. — La *Gazette médicale de Paris* (*Gazette de santé et Clinique des hôpitaux réunis*), troisième série, t. XII, contient des travaux des plus illustres médecins de France.

Gazette municipale. Voir *Revue municipale*.

Gazette de Paris, non politique. Tous les dimanches. Grand in-4, 8 p., 3 col. Directeur, Dollingen. Rue Vivienne, 48. — Paris : un an, 16 fr.; 6 mois, 10 fr.; 3 mois, 5 fr. Départements : 20 fr., 12 fr. et 6 fr.

Gazette (la) du Progrès, journal scientifique, littéraire, industriel, artistique, administratif et judiciaire. Tous les dimanches. Petit in-fol. 4 p., 3 col. Rédacteur en chef. Gardey (de Clarac). Rue des Grands-Augustins, 55. — France : un an, 12 fr.; 6 mois, 7 fr.; 3 mois, 4 fr.

Gazette (la) rose, par Mᵐᵉ la vicomtesse de Renneville. Revue de littérature et de modes. Les 1ᵉʳ et 15 de chaque mois. Grand in-8, 16 p., 2 col. avec une gravure de modes coloriée. Rue Vivienne, 55.—France : un an, 20 fr.; 6 mois, 10 fr.; 3 mois, 6 fr. Étranger : le port suivant le pays.

Pour les abonnés du *Figaro*, un an, 12 fr.; 6 mois, 6 fr.; 3 mois, 3 fr.

Génie (le) industriel, revue des inventions françaises et étrangères; annales des progrès de l'industrie agricole et manufacturière. Mensuel. Rédacteurs, Armengaud frères. In-8, 64 p. Rues Saint-Sébastien, 45; Filles-du-Calvaire, 6 et quai des Augustins, 49. — Paris : un an, 16 fr. Départements : 20 fr.

Grandes (les) affiches, journal des acquéreurs et des locataires, contenant les annonces judiciaires et l'indication des ventes et locations de Paris et des départements. Tous les dimanches. In 8 , 32 p., 2 col. Rue Favart, 4. — Paris : un an , 22 fr.; 6 mois, 11 fr.; 3 mois, 6 fr. Départements : 24 fr., 12 fr. et 7 fr. Le numéro, 50 c.

Envoyé gratuitement dans les établissements publics, chez les notaires, avoués, architectes, etc.

Gratis (le), moniteur des ventes mobilières et immobilières ; bulletin des locations ; journal d'annonces judiciaires et commerciales. Paraissant tous les jours, les dimanches et fêtes exceptés. In-4, 8 p. Directeur-gérant, A. de Bragelone. Rue Feydau, 24. — Paris : 3 mois , 11 fr. Départements : 12 fr,

Guide de l'ami du cheval, revue scientifique, historique et pratique par le comte Savary de Loncosme-Brèves. Mensuel. In-8 , 48 à 96 p. Rues de l'Éperon, 5 et Duphot, 12. — France : un an, 25 fr.

Guide du bibliophile. Catalogue des principales publications en vente chez E. Dentu, Palais-Royal, galerie d'Orléans, 13. Tous les deux mois. In-8, 16 p.

Distribué gratis.

Guide du commerce ; acheteur français et étranger. Quotidien. In-8, 2 p. Rue Bourbon-Villeneuve, 44.

Se distribue gratis.

H

Horticulteur (l') français de 1851. Journal des amateurs et des intérêts horticoles. Le 1er de chaque mois. In-8 , 16 à 32 p. Rédacteur en chef, F. Herincq. Rue Monsieur-le-Prince, 23. — Paris : un an, avec figures coloriées, 10 fr.; sans figures : 5 fr. Départements : 11 fr. et 6 fr.

I

Impartial (l'), journal de l'enseignement des sourds-muets, publié par MM. J.-B. Puybonnieux et Hector Volquin, professeurs à l'institution impériale des Sourds-Muets de Paris. Mensuel. In-8, 32 p. Rue Saint-Jacques, 254.—Paris : un an, 10 fr. Départements : 11 fr. Étranger : 12 fr.

Impartial (l'). Théâtre, littérature, musique et beaux-arts. Tous les dimanches. In-fol., 4 p., 4 col. Rédacteur en chef, E. Pierson. Rue du Faubourg-Montmartre , 38. — Paris : un an, 20 fr.; 6 mois, 10 fr.; 3 mois, 5 fr. Départements : 24 fr., 12 fr. et 6 fr. Étranger : 28 fr., 14 fr. et 8 fr.

Indépendance (l'). Revue dramatique paraissant tous les dimanches. In-f., 4 p., 3 col. Rédacteur et gérant, E. Devicque. — Boulevard Saint-Martin, 4. — France : un an, 12 fr.; 6 mois, 6 fr. ; 3 mois, 3 fr. Étranger : 14 fr., 8 fr. et 5 fr.

Indicateur (l') des chemins de fer et de la navigation. Seule publication officielle paraissant le dimanche. Gr. in-4 , 32 p. Propriétaire-gérant, N. Chaix. Rue Bergère, 20.—Paris : un an , 15 fr. Départements : 18 fr. Étranger : 22 fr. Le numéro : 25 c.

Indicateur (l') du commerce ; bulletin réunissant les annonces des journeaux judiciaires spéciales aux ventes de fonds de commerce, aux séparations de corps et de biens et aux faillites. Paraissant les mardi , jeudi et samedi de chaque semaine. In-4, 4 p., 3 col. Directeur-gérant, Delachapelle. Rue Montmartre, 122. — France : un an : 30 fr.; 6 mois. 16 fr.; 3 mois, 8 fr.

Indicateur universel. Moniteur officiel des chemins de fer et de la navigation à vapeur en France et à l'étranger. Tous les samedis. In-4 , 32 p. Propriétaire - gérant, J. Maillard. Rue Montmartre , 125. — Paris : un an, 16 fr. ; 6 mois, 10 fr. Départements : 20 fr. et 12 fr. Étranger : 24 fr. et 16 fr.

Industrie (l') ; journal des chemins de fer, du crédit foncier de France et de tous les grands intérêts du pays. Paraissant le samedi. In-4 , 16 p., 3 col. Gérant, Vergniolle. Rue Richelieu , 108. — Paris : un an , 10 fr.; 6 mois, 6 fr. Départements : 12 fr. et 7 fr. Étranger : 16 fr. et 9 fr.

Ingénieur (l') ; revue scientifique et critique des travaux publics et de l'industrie. Le 1er de chaque mois. In-4, 16 à 24 p., 2 col. Directeur, V. Avril ; éditeurs, V. Masson, Langlois et Leclercq. Place de l'École-de-Médecine.—Paris : un an, 16 fr. Départements : 18 fr.

Les 12 cahiers de l'année forment un volume de texte avec figures intercalées et un atlas représentant environ 72 planches in-4.

Innovateur (l') : moniteur de la cordonnerie. Paraissant le 15 de chaque mois. In-4, 2 col. Directeur-gérant, Th. Vincent. Rue Bourbon-Villeneuve, 35. — France : un an, 10 fr.; 6 mois, 5 fr. 50. Étranger : 12 fr. Traduction anglaise ou allemande : un an, 15 fr.

Institut (l'); journal universel des sciences et des sociétés savantes en France et à l'étranger. In-4, 8 p., 2 col. Propriétaire, rédacteur en chef, Eug. Arnould. Rue de Trévise, 45.

Ce journal se compose de 2 sections auxquelles on peut s'abonner séparément. 1re section : *sciences mathématiques, physiques et naturelles*, paraissant tous les mercredis. Paris, un an, 30 fr. Départements et étranger, 33 fr. Pays à surtaxe, 36 fr.
2e section : *sciences historiques, archéologiques, philosophiques*, etc. Paris, un an, 15 fr. Départements et étranger, 17 fr. Pays à surtaxe, 19 fr. — Ensemble, 40 fr., 45 fr. et 50 fr.

Intermédiaire (l') des vendeurs et des acquéreurs ; journal d'annonces et avis divers paraissant tous les jours. In-8, 16 p. Rue Montmartre, 12.

Se distribue dans les établissements publics.

Invention (l'); journal mensuel de la propriété industrielle, littéraire, artistique et commerciale. Par Gardissal, ingénieur civil, conseil en matière de brevets d'invention. In-8, 32 p. Boulevard Saint-Martin, 29. — Paris : un an, 8 fr. Départements : 10 fr. Étranger : 12 fr.

12e année. — Figures intercalées dans le texte, planches séparées.

Isthme (l') de Suez ; journal de l'union des deux mers. Le 10 et le 25 de chaque mois. In-4, 32 p., 2 col. Gérant, Ernest Desplaces. Rue de Verneuil, 52. — France : un an, 20 fr.; 6 mois, 10 fr.

Les abonnés reçoivent, sans augmentation de prix, tous les documents publiés par la compagnie universelle du canal maritime de Suez.

J

Journal d'agriculture pratique, fondé en 1837 par le docteur Bixio, pu-blié sous la direction de M. J.-A. Barral, membre de la Société centrale d'agriculture... Seconde partie de la *Maison rustique au* XIXe *siècle*. Le 5 et le 20 de chaque mois. In-8, 48 à 64 p. Rue Jacob, 26. — France, Algérie : un an, 16 fr. Belgique : 18 fr.

Journal de l'album des théâtres ; annexé à l'*Album* des *théâtres de Paris*. Revues théâtrales et analyses des pièces nouvelles, notices biographiques des acteurs et actrices célèbres, poésies et variétés littéraires. Le 15 de chaque mois. Grand in-4, 4 p. Rédacteur en chef, Albert de la Vézelière. Rue Laval, 11. — Paris : un an, 5 fr.; 6 mois, 3 fr. Départements : 6 fr. et 4 fr.

Au journal est joint un album de dessins représentant le plan exact de tous les théâtres de Paris avec la disposition, le numéro et le prix des places au bureau et en location. Cet album est déposé dans 500 établissements publics de Paris.

Journal des armes spéciales et de l'état-major, par J. Corréard. Tous les deux mois. In-8. Rues Saint-André-des-Arts, 58, et Dauphine, 35. — Paris : un an, 20 fr. Département : 24 fr. Étranger : 28 fr.

Journal asiatique ou recueil de mémoires, d'extraits et de notices relatifs à l'histoire, à la philosophie, aux langues et à la littérature des peuples orientaux ; rédigé par MM. Bazin, Bianchi, Botta, Caussin de Perceval, Cherbonneau, d'Eckstein, C. de Frémery, Dugat, Dulaurier..... et publié par la Société asiatique. Mensuel. In-8. Chaque semestre forme un volume de 500 à 600 p. Rue Cloître-Saint-Benoît, 7, librairie B. Duprat. — Paris : un an, 25 fr.; 6 mois, 14 fr. Départements : 28 fr. 50 et 15 fr. 75. Étranger : 32 fr. et 17 fr.

Journal des assurances terrestres, maritimes, fluviales, sur la vie, etc. Suite du *Dictionnaire des assurances*. Recueil contenant une revue de jurisprudence commerciale.... publié par M. Pouget (Louis), avocat. Le 1er de chaque mois. In-8, 32 à 48 p. Rue des Martyrs, 47. — France : un an, 12 fr.

8ᵉ année. — Les abonnés reçoivent le *Dictionnaire des assurances* pour 14 fr., port non compris, au lieu de 24 fr.

Journal des avoués, ou Recueil critique de procédure civile, commerciale et administrative, rédigé par Chauveau (Ad.). Mensuel. In-8, 32 p. Place Dauphine, 27.—France : un an, 15 fr.

46ᵉ année. — Prix de la collection, 81 vol. (rare), 300 fr.

Journal des chapeliers et de la chapellerie. Revue fashionable des hommes du monde. Mensuel. Grand in-8, 8 p., 2 col. Rédacteur-gérant, Fontaine. Place de la Bourse, 7. — France : un an, 10 fr. ; avec les patrons : 14 fr. Espagne : 18 fr. Colonies : 20 fr. Pour les autres pays : 2 fr. de plus.

Avec chaque numéro, 2 gravures et patrons divers.

Journal des chasseurs. Le 15 et le 30 de chaque mois. In-8, 40 p. Rédacteur en chef, Léon Bertrand. Rue Vivienne, 37. — France : un an, avec lithographies, 35 fr.; 6 mois, 18 fr. ; sans lithographies, 28 et 15 fr. Étranger : en sus par an, 4 fr. Espagne : 15 fr.

La collection du *Journal des chasseurs* se compose de 21 vol. ornés de plus de 130 lithographies. Prix : 175 fr. Chaque vol. pris séparément, 10 fr.

Journal des chemins de fer départementaux ; organe de tous les intérêts agricoles et financiers de France et de l'étranger, pour les petites lignes de chemins de fer sur les voies ordinaires. Hebdomadaire. Le lundi. In-4, 8 p., 2 col. Propriétaire-gérant, Laloubère. Rue de Grammont, 7. — Paris : un an, 10 fr.; 6 mois, 6 fr. Départements : 12 fr. et 7 fr.

3ᵉ année.

Journal de chimie médicale, de pharmacie, de toxicologie et revue des nouvelles scientifiques nationales et étrangères. Publié sous la direction de A. Chevalier. Mensuel. In-8, 64 p. Place de l'École-de-Médecine, 23. — France : un an, 12 fr. 50. Étranger : le port en sus.

Journal (le) des coiffeurs, créé par Mariton. Paraissant le 1ᵉʳ de chaque mois. In-4, 8 p., 2 col. Rue Sainte-Anne, 64. — Paris : un an, 10 fr.;

6 mois, 5 fr. 50. Départements : 11 fr. et 6 fr. 50. Étranger : 12 fr. et 7 fr.

Avec chaque numéro, 2 planches, de coiffures.

Journal des commissaires de police, recueil mensuel de législation, de jurisprudence et de doctrine sur les matières rentrant dans les attributions des commissaires de police et en outre des maires, des juges de paix, des officiers de gendarmerie, etc. In-8, 32 p. Directeur, Benoît. Rue de Grenelle-Saint-Germain, 74. —France : un an, 12 francs.

3ᵉ année.

Journal des communes, nouveau journal des conseillers municipaux, courrier des communes et des établissements de bienfaisance, à l'usage des maires, des membres des conseils généraux et des conseils d'arrondissement, des officiers municipaux, juges de paix, etc., par MM. E. Rigaud, ancien avocat au conseil d'État. Rue de Saint-Malo, Alexis Leroux, Mualde, avocats au conseil d'État, Ariste Boué, docteur en droit, etc. Mensuel. In-8, 40 p. Rue d'Anjou-d'Auphine, 8.— France : un an, 9 fr.

30° année.

Journal de conchyliologie, comprenant l'étude des animaux, des coquilles vivantes et des coquilles fossiles, publiée sous la direction de MM. Fischer et Bernardi. Tous les trois mois, in-8. Rue Buffaut, 22. — Paris : un an, 13 fr. Départements : 15 fr. Étranger : 18 fr.

5ᵉ année. — Un volume par an, avec planches coloriées. Les 4 premiers volumes, publiés sous la direction de M. Petit de la Saussaye, sont en vente au bureau du journal.

Journal des connaissances médicales et pharmaceutiques, par MM. P. L. B. Caffe, docteur en médecine. Propriétaire, rédacteur en chef, E. Beaugrand, docteur en médecine, secrétaire de la rédaction, E. Robiquet, pharmacien, docteur ès sciences. Paraît les 10, 20 et 30 de chaque mois. In-8, 8 p., 2 col. Rue de l'École-de-Médecine, 3. — France : un an, 8 fr. Étranger : 10 fr.

Journal des connaissances médico-chirurgicales. Revue de thérapeutique médico-chirurgicale, accompagnée de nombreuses gravures sur bois intercalées dans le texte, par A. Martin-Lauzer, docteur en médecine, etc. Les 1er et 15 de chaque mois. In-8, 32 p., 2 col. Rue Grenelle-Saint-Germain, 39.— France : un an, 12 fr. Le numéro : 60 c. Étranger : 15 fr. Pays d'outre-mer, 16 fr.

Journal (le) des cultivateurs et des comices agricoles, journal d'agriculture pratique, d'art vétérinaire, d'économie rurale et d'économie domestique. Revue raisonnée des halles et marchés. Publiée sous la direction de M. Allard, ancien employé au cadastre, etc. In-8, 16 p., 2 col. Rue Croix-des-Petits-Champs, 16. — France : un an, édition bimensuelle, 6 fr.; édition hebdomadaire, 10 fr.

Journal des dames et Messager des dames et des demoiselles. Mensuel. In-8, 32 p., avec une gravure coloriée et des planches de patrons. Rue Saint-Jacques, 59. Librairie Louis Janet, Dentu au Palais-Royal.—Paris : un an, 10 fr. Départements : 12 fr.

Pour les modes, travaux de dames, broderie, etc., principale rédactrice, Mme Fanny Richomme. — Pour la partie littéraire, les nouvelles, voyages, etc.; principal rédacteur, M. Jules Rostaing. — Pour la chronique des salons et la revue dramatique, MM. G. Héquet et A. Joanne.

Journal des demoiselles. Le 1er de chaque mois. Gr. in-8, 32 p., 2 col. Boulevard des Italiens, 1. — Paris : un an, 10 fr. Départements : 12 fr. En ajoutant 5 fr. à l'abonnement annuel, on reçoit 48 gravures de modes pendant l'année.

Petite édition, à 6 fr. par an pour Paris, 8 fr. pour les départements. 12 planches gravées seulement.

Autre édition pour la Belgique, sous le titre de : *Trésor des demoiselles et Journal des demoiselles réunies*. Prix du numéro, avec gravures, musique et patrons, 2 fr.

Journal du dimanche, littérature, histoire, voyages, musique. In-4, 8 p., 3 col. Propriétaire-gérant, A. Dugit. Rue de l'Éperon, 7. — Paris : un an, 3 fr. Départements : 4 fr. Le numéro : 5 c.

Avec illustrations.

Journal du droit criminel ou jurisprudence criminelle de la France, recueil critique des décisions judiciaires et administratives sur les matières criminelles, correctionnelles et de simple police, rédigé par Achille Morin, avocat au conseil d'État, etc. Mensuel. In-8, 32 p. Rue d'Anjou-Dauphine, 8 ; rue des Grès, 7. Librairie A. Durand.

29e année.

Journal de l'éclairage au gaz. Organe spécial et pratique de l'industrie, de l'éclairage et du chauffage, paraissant les 5 et 20 de chaque mois. In-4, 16 p., 3 col. Gérant, Ch. Blanchet. Boulevard Poissonnière, 24.— Paris : un an, 12 fr. Départements et étranger : 12 fr. 75 c.

Journal d'éducation populaire. Bulletin mensuel de la Société pour l'instruction élémentaire. In-8, 32, 48 et 56 p. Rédacteur, Charles Malo. Quai Malaquais, 3 ; rue Dauphine, 26, librairie L. Colas. — France : un an, 5 fr.

42e année.

Journal encyclopédique, dictionnaire universel des connaissances humaines, sous la direction de B. Lunel. Tous les jeudis. Gr. in-8, 16 p., 2 col. Rue Neuve-Saint-Augustin, 22. —Paris et départements : un an, 12 fr.

Le journal formera 6 vol. divisés en 12 tomes avec planches. Les tom. I et II sont en vente. Chaque tome, 6 fr.

Journal des enfants et Conseiller des enfants ; recueil illustré. Contes, voyages, légendes, aventures, biographie, chroniques anciennes, proverbes, récits historiques et fantastiques, poésies, dessins, gravures, modes d'enfants, musique. Mensuel. In-8, 32 p. Propriétaires-gérants, J. Voisvenel et A. Rigaud. Rue Sainte-Anne, 50 ; rue du Croissant, 16. — Paris : un an, 6 fr. Départements : 8 fr.

Les nouveaux abonnés pour 1857 peuvent se procurer le vol. de 1856 en ajoutant 3 fr. au prix de leur abonnement. 1 franc de plus pour les départements.

Journal de l'enregistrement et des domaines. Les 1er, 11 et 21 de chaque mois. In-8, 16 p. Rue d'Alger, 9.— France : un an, 15 fr.

Paraît depuis l'an VII (1798).

Journal des étrangers, guide officiel dans Paris. Tous les dimanches. In-4, 8 p., 3 col. Directeur, L. Richard. Faubourg Saint-Denis, 8. — France : un an, 8 fr.

Journal (le) des fiancés, moniteur des familles. Tous les lundis. Petit in-4, 16 p. Rue Sainte-Anne, 9.

Journal d'annonces distribué officieusement et gratis, tous les lundis, aux futurs époux, à la première publication de leurs bans.

Journal général d'affiches, annonces judiciaires, légales et avis divers. (*Petites affiches* et *Journal judiciaire* réunis.) Quotidien. In-8, 32 p., 2 col. Rue de Grenelle-Saint-Honoré, 45.—France : un an, 45 fr.; 6 mois, 24 fr.; 3 mois, 13 fr.; un mois, 6 fr.

Ce journal, dont l'origine remonte à 1612, paraît tous les jours sans exception.

Journal général de l'instruction publique et des cultes. Le mercredi et le samedi de chaque semaine. In-4, 8 p., 2 col. Rédacteur en chef, Ch. Louandre. Rue de Grenelle-Saint-Honoré, 45. — France : un an, 30 fr.; 6 mois, 16 fr.; 3 mois, 9 fr.

Journal de la gendarmerie. Le 1er, le 11 et le 21 de chaque mois. In-8, 16 p., éditeur Léautey. Rue Saint Guillaume, 23. — Paris : un an, avec l'annuaire de la gendarmerie, 9 fr. Départements : 11 fr.

Journal des haras, chasses, courses de chevaux et d'agriculture appliquée à l'élève du cheval et des bestiaux en général. Recueil périodique. Mensuel. Grand in-8, 80 p. Place de la Madeleine, 8; boulevard des Italiens, 36. — Paris : un an, 30 fr.; 6 mois, 18 fr. Départements : 34 fr. et 20 fr. Étranger, selon la taxe.

28e année.

Journal (le) des hôtels et des chemins de fer, guide de l'acheteur et du voyageur à Paris. In-4, 16 p. Rue Sainte-Anne, 9.

Journal d'annonces distribué dans les hôtels et maisons meublées.

Journal des huissiers. Du 1er au 10 de chaque mois. In-8, 32 p. Place Dauphine, 27, librairie Cosse et Marchal. — France : un an, 10 fr.

38e année. — Le prix de la collection, en caractères économiques, 37 vol., est de 100 fr.

Journal illustré des voyages et des voyageurs, paraissant tous les dimanches. Grand in-8, 16 p., 2 col. Propriétaire-gérant, E. Lucas. Bureaux, rue Saint-Louis, 46 (Marais). — Paris : un an, 6 fr. Départements : 8 fr. Le numéro : 10 centimes.

Journal de l'imprimerie; organe des intérêts de la typographie, de la librairie, de la papeterie et des faits qui s'y rattachent. Paraissant le 15 de chaque mois. In-4, 8 p., 2 col. Quai des Grands-Augustins, 39, librairie Lebœuf. — France : un an, 4 fr. Étranger : 5 fr. 50.

3e année.

Journal des justices de paix et des tribunaux de simple police. Recueil mensuel de législation, de doctrine et de jurisprudence à l'usage des juges, suppléants, greffiers, huissiers; par M. Bioche, docteur en droit, avocat, etc. In-8, 32 p. Rue Taranne, 16. — France : un an, 8 fr.

Journal des locations et des ventes ou guide des locataires et des acquéreurs. Hebdomadaire. In-fol., 6 col. Gérant, Duhamel. Passage Jouffroy, 44.—Paris : un an, 20 fr.; 6 mois, 11 fr.; 3 mois, 6 fr. Un numéro : 50 centimes. Départements : 23 fr., 12 fr.; 7 fr. Le numéro : 55 centimes.

Journal des loteries autorisées. In-fol., 4 p. Gérant, Léo Lespès. Rue Grange-Batelière, 13.

Pas de périodicité fixe.

Journal du magnétisme, rédigé par une société de magnétiseurs et de médecins, sous la direction de M. le baron du Potet. Les 10 et 25 de chaque mois. In-8, 32 p. Rue de Beaujolais, 5. — Paris : 10 fr.; 6 mois, 6 fr.; 3 mois, 3 fr. Départements et étranger : 12 fr., 6 fr. et 3 fr. Pays surtaxés : 14 fr., 7 fr. et 4 fr.

Journal-manuel de peintures appliquées aux décorations de monuments, appartements et établissements publics. Paraissant le 15 de chaque mois. In-fol., 4 p., 2 planches, dont une peinte par les procédés chromo-lithographiques, et la seconde imprimée en noir, dessinées et publiées par Petit et Bisiaux, peintres-décorateurs. Rue Pigale, 42. — France : un an, 22 fr.; 6 mois, 11 fr.

8e année.

Journal des marchands tailleurs, consacré uniquement aux modes et à l'art du tailleur. Mensuel. In 4. 4 p. Gérant, J. Huet. Rue de la Monnaie, 9. — France et ses colonies : un an, 9 fr.; 6 mois, 6 fr. Étranger, suivant la taxe.

Avec patrons et gravures coloriées.

Journal de mathématiques pures et appliquées, ou recueil mensuel de mémoires sur les diverses parties des mathématiques, publié par J. Liouville. In-4, 32 à 48 p. Quai des Augustins, 55. — Paris : un an, 30 fr. Départements : 35 fr. Étranger : 40 fr.

Prix des 20 volumes de la 1re série : 400 fr. Chaque volume 25 fr.

Journal de médecine et de chirurgie pratiques, à l'usage des médecins praticiens. Par Lucas-Championnière, docteur en médecine, etc. Mensuel. In-8, 48 p. Rue d'Anjou-Dauphine, 8. — France : un an, 10 fr. Étranger : 12 fr.

Journal mensuel des travaux de l'Académie nationale agricole, manufacturière et commerciale et de la Société française de statistique universelle sous la direction de M. P. Aymar-Gression. Gr. in-8, 32 p., 2 col. Rue Louis-le-Grand. 21.

Pour les membres de la Société.

Journal des missions évangéliques. Le 15 de chaque mois. In-8, 32 p. Rue de Rivoli, 174, librairie Meyrueis.— France : un an, 6 fr. Allemagne et Pays-bas : 8 fr. Suisse : 6 fr. avec franchise jusqu'à la frontière.

Publié par la Société des missions évangéliques de Paris.

Journal (le) monstre, bulletin et courrier des familles. Mensuel. In-4, 168 col. par mois, 2016 col. par an. Rédacteur en chef, Léo Lespès. Rue Grange-Batelière, 13. — Paris : un

an, 5 fr. Départements : 6 fr. 70.

Journal des notaires et des avocats, publié par une société de notaires et de jurisconsultes. Mensuel. In-8, 64 p. Rue des Saints-Pères, 52. — France : un an, 15 fr.

50e année.

Journal du notariat et des officiers ministériels. Le mercredi et le samedi de chaque semaine. Pet. in-fol., 4 p., 3 col. Gérant responsable, de Lagardie. Rue d'Argenteuil, 51. — France : un an, 24 fr.; 6 mois, 13 fr., 3 mois, 7 fr. Avec les *Archives du notariat*, recueil mensuel : 30 fr., 16 fr. et 8 fr. 50.

19e année. — Deuxième série. Chacun des volumes parus, 5 fr.

Journal de l'office commercial. Au renouvellement de chaque saison. In-f., 4 p. Gérant, J. Perpey. Rue Madame, 45.

Journal destiné à favoriser la vente et le placement de toutes espèces de marchandises.

Journal du palais, recueil le plus ancien et le plus complet de la jurisprudence, comprenant en outre et sous des paginations distinctes : 1° les décisions administratives ; 2° les lois, décrets, etc., annotés ; 3° un bulletin des décisions en matières d'enregistrement, de timbre, greffe, etc. par MM. Stéph. Cuënot, docteur en droit, avocat au conseil d'Etat ; T.H.Gelle, ancien magistrat ; A. Fabre, avocat. 12 livraisons par an. In 8, 16 col. Rue de Savoie, 6.— Paris : un an, 24 fr. Départements : 27 fr. Étranger : 32 fr.

Journal de Paris, *Gazette littéraire et des salons* réunis. Une fois par semaine. In-fol., 4 p., 4 col. Rue Grange-Batelière, 13. Rédacteur en chef, Léo Lespès. — Paris : un an, 16 fr.; 6 mois, 8 fr. 50 ; 3 mois, 4 fr. 50. Départements : 20 fr., 10 fr. 50 et 5 fr. 50. Étranger : 24 fr., 12 fr. et 8 fr.

Journal des percepteurs, des receveurs des finances et des receveurs comptables des communes, hospices, etc. Mensuel. In-8, 48 à 64 p. Directeur Larade. Rue Neuve-des-Bons-Enfants, 4. — France : un an, 6 fr.

Journal de pharmacie et de chimie, par MM. Boullay, Bussy, Soubeiran,

Henry, F. Boudet, Cap, Boutron-Charlard, Frémy, etc. contenant une revue médicale par M. le directeur Vigla, et une revue des travaux chimiques, publiées à l'étranger, par M. J. Nicklès. Le 10 de chaque mois. In-8, 80 p. Place de l'École-de-Médecine, librairie V. Masson. — France : un an, 45 fr. Étranger, suivant les tarifs.

Le journal forme tous les ans 2 vol. in-8, avec planches. Le numéro de juin 1857 achève le tome XXXIe de la troisième série commencée en 1842.

Journal pour rire, journal amusant, journal illustré, journal d'images, journal comique, critique, satirique, etc., dirigé par Charles Philipon. Hebdomadaire. In-4, 8 p., 3 col. Rue Bergère, 20. — France : un an, 47 fr.; 6 mois, 40 fr.; 3 mois, 5 fr. Le numéro : 45 c. Étranger, selon les droits de poste.

Dessins de Bertall, Cham, Nadar, Marcelin, etc.

Journal pour tous, magasin hebdomadaire illustré. In-4, 46 p., 3 col. Rue de Vaugirard ; 9, rue Pierre-Sarrazin, 44. Librairie L. Hachette et Cie. — Paris : un an, 6 fr. Départements : 8 fr. Le numéro : 40 c.

Journal de la prédication populaire et contemporaine. Mensuel. In-8, 32 p., 2 col. Directeur, l'abbé C. Martin. Rue Cassette, 8. — France : un an, 42 fr.

Le journal est accompagné d'une *Revue mensuelle de la prédication*, dont l'étendue varie suivant l'importance des sermons de chaque mois. La *Revue* et le *Journal* ont une pagination distincte.

Journal de procédure civile et commerciale, recueil mensuel de législasion, de jurisprudence et de doctrine à l'usage des avoués et des huissiers, par M. Bioche, docteur en droit, avocat à la cour impériale. In-8, 32 p. Rue Taranne, 40. — Paris : un an, 40 fr. Départements : 44 fr. 50 c.

Les années 1835 à décembre 1856 se vendent 110 fr.

Journal des savants. Mensuel. In-4, 64 p. Rue Hautefeuille, 23, librairie Arthus Bertrand. — Paris : un an, 36 fr. Départements : 40 fr.

Un décret inséré au *Moniteur* du 2 juin 1857 a fait passer dans les attributions du ministre de l'instruction publique le *Journal des savants*, qui était placé depuis sa fondation (1665) sous l'autorité du chancelier de France, ministre de la justice.

Journal des sciences militaires des armées de terre et de mer, ou revue du monde militaire, publiée sur les documents fournis par les officiers des armées françaises et étrangères par J. Corréard, ancien ingénieur. Le 10 de chaque mois. In-8, 192 à 224 p., avec cartes ou plans. Rue Saint-André-des-Arts, 58. — Paris : un an. 42 fr. Départements : 48 fr. Étranger : 54 fr. Chaque numéro : 5 fr.

33e année. — La collection des 4 premières séries se compose de 28 années et 3 mois (octobre 1825 à décembre 1853). On peut se procurer chaque année séparément, au prix de 42 fr.

Journal de la Société gallicane de médecine homœopathique. 2e série ; t. I. Le 4er et le 45 de chaque mois. In-8, 64 p. Rue Hautefeuille, 49, librairie J.-B. Baillière et fils. — Paris : un an, 20 fr. Départements : 23 fr. Espagne et Italie : 32 fr. Autres pays : selon la taxe.

Toutes les communications doivent être adressées *franco* à M. le docteur Molin, secrétaire-général de la Société gallicane, rue d'Aumale, 17.

Journal de la Société impériale et centrale d'horticulture. Napoléon III, protecteur. Mensuel ; du 45 au 25. In-8, 32 à 64 p. Quai Malaquais, 3 ; librairie veuve Bouchard-Huzard. Un an, 40 fr.

Le journal publie, à certains intervalles, des figures coloriées de fleurs ou de fruits.

Journal de la Société de la morale chrétienne. Tous les deux mois. In-8, 80 à 92 p. Gérant, M. Renzi. Rue Saint-Guillaume, 42. —France : Un an, 25 fr.

La Société, fondée en 1822, est présidée aujourd'hui par M. le duc de Larochefoucauld-Liancourt.

Journal des travaux publics, de l'agriculture et du commerce. Chemins de fer, mines, industrie, sociétés financières. Bulletin officiel des adjudications administratives. Le jeudi et le dimanche de chaque semaine. In-fol., 3 p., 5 col. Directeur-gérant, A. Sellier. Rue Grange-

Batelière, 13. — France, un an, 10 fr.: 6 mois, 5 fr. Étranger : 18 fr. par an.

Journal des tribunaux de commerce, contenant toutes les décisions importantes rendues en matière commerciale par le tribunal de commerce de la Seine, la Cour impériale de Paris, la Cour de cassation et les autres cours et tribunaux ; présentant l'exposé complet de la jurisprudence et de la doctrine des auteurs en matière de commerce ; par MM. Teulet, avocat à la Cour impériale de Paris, et Camberlin, secrétaire de la présidence du tribunal de commerce de la Seine. Mensuel. In-8, 32 à 48 p. Rue Soufflot, 1, librairie Videcoq. — Paris : un an, 10 fr. Départements : 11 fr. 50. Étranger : 14 fr.

6ᵉ année. ♥

Jurisprudence générale; recueil périodique et critique de jurisprudence, de législation et de doctrine; par MM. Dalloz et Faivre. Mensuel. In-4, 176 à 240 p. Rue de Lille, 19. — France : un an, 27 fr.

Jurisprudence du notariat, par une société de magistrats, de jurisconsultes et de notaires. Mensuel. In-8, 44 p. Directeur, M. Rolland de Villargues, conseiller à la Cour impériale de Paris. Rue de Lille, 35. — France : un an, 15 fr.

Les volumes des années 1828 et suivantes se vendent, chacun, 9 fr.

L

Lancette (la) française; gazette des hôpitaux civils et militaires. Gr. in-4, 4 col. Le mardi, le jeudi et le samedi de chaque semaine. Directeur, Lesourd. Rue des Saints-Pères, 40. — France, Allemagne, Angleterre, Suisse : un an, 30 fr.; 6 mois, 16 fr.; 3 mois, 8 fr. 50. Belgique : 40 fr., 20 fr., 10 fr.

Lanterne (la) magique, journal hebdomadaire. Reproduction de chefs-d'œuvre de la peinture et de la littérature. Gr. in-4; 8 p., 2 col. Directeur, Courselles-Dumont. Rue des Grands-Augustins, 20, — Paris : un

an, 6 fr. Départements : 7 fr. Étranger : 8 fr.

Notices et nouvelles inédites par MM. Henry de Kock, Spindler, vicomte de Mailly, Léon Beauvallet, etc. — Gravures de L. Dumont.

Lecture (la), journal de romans, paraissant tous les samedis. In-4, 8 p., 2 col. Éditeur, G. Havard. Rue Guénégaud, 15. — France : un an, 7 fr. 6 mois, 4 fr. — Id. avec la *Biographie pittoresque universelle*. 9 fr. et 10 fr.

Lien (le), journal des églises réformées de France ; revue de la semaine chrétienne. Paraissant le samedi. Grand in-4, 4 p., 3 col. Rédacteurs, Ath. Coquerel fils. Rue de Tivoli, 22. — France : un an, 9 fr. Étranger : 11 fr. Le numéro : 20 c.

17ᵉ année. — Publié sous la direction de MM. les pasteurs J. Martin-Paschoud et Ath. Coquerel fils.

Lion (le), journal des nouveautés et des modes d'hommes. Du 1ᵉʳ au 5 de chaque mois. In-4, 8 p. 2 col., 2 gravures et une feuille de patrons divers. Rue Sainte-Anne, 64. — France : un an, 10 fr.; 6 mois, 6 fr. Étranger : 12 fr. et 7 fr.

Livret-Chaix. Guide officiel des voyageurs sur tous les chemins de fer français et les principaux chemins de fer étrangers. Le 1ᵉʳ de chaque mois. In-18, avec cartes itinéraires. Rue Bergère, 20. — Paris : un an, 12 fr. Départements : 18 fr.

Lloyd (le) français; journal quotidien paraissant le soir. Maritime, commercial, industriel. In-fol., 6 col. Directeur, Alphonse Jouault. Gérant, Léon Innocent. Rue Bergère, 20. — Paris : un an, 50 fr.; 6 mois, 25 fr. ; 3 mois, 12 fr. 50. Départements : 64 fr., 32 fr. et 16 fr.

Locomotive (la), bulletin contenant les services des chemins de fer et de la navigation. Paraissant tous les samedis. Grand in-4, 16 p. Directeur-gérant, V. Chauveau. Rue Bergère, 20. — Paris : un an, 10 fr. Départements : 12 fr.

Lumière (la) ; revue de la photographie, — beaux-arts, —héliographie, — sciences. Journal hebdomadaire paraissant le samedi. In-4 , 4 p., 3 col. Propriétaires-gérants, A. Gaudin et frère. Rédacteur en chef, Ernest Lacan. Rue de la Perle , 9. — Paris : un an, 20 fr. ; 6 mois, 12 fr.; 3 mois, 7 fr. Départements : 22 fr., 12 fr. et 8 fr. Étranger : 25 fr., 15 fr. et 10 fr.

M

Magasin des demoiselles ; journal paraissant le 25 de chaque mois. In-8, 32 p , 2 col. Rue Laffitte , 54. — Paris : un an, 10 fr. Départements : 12 fr.

13ᵉ année. — 12 vol. sont en vente. Prix de chaque volume, 10 fr. pour Paris; 12 fr. par la poste. — Le journal est accompagné d'aquarelles, sépias. gravures de modes, dessins de broderie, albums de musique, etc.

Magasin (le) des écoles du dimanche ; journal d'éducation chrétienne. Le 15 de chaque mois. Grand in-18 , 36 p. Rue de Rivoli, 174 , librairie Meyrueis et comp. — France et Suisse : un an, 4 fr. 50. Belgique : 4 fr. Angleterre : 3 sch. et demi. États-Unis : 1 dollar.

Magasin (le) des familles; journal des dames et des demoiselles, rédigé par les illustrations artistiques et littéraires. Paraissant du 10 au 15 de chaque mois. In-8, 32 p. Rue du Petit-Carreau, 26. — Paris : un an, 10 fr. Départements : 12 fr. —Avec prime des *Fleurs animées*, par Grandville. — Paris : 12 fr. Départements : 15 fr.

Ce journal publie, dans l'année, des albums de musique. 1 aquarelle , 1 sépia. 1 gravure sur acier. des gravures de modes, de broderie, etc.

Magasin de la jeunesse chrétienne ; suite au *Magasin de l'enfance chrétienne*. Mensuel. In-8 , 32 p. Rédacteur en chef, J. Massé. Rue du Regard, 1. — France : un an, 6 fr. Étranger : 18 fr. Pays d'outre-mer : 10 fr.

Magasin pittoresque , rédigé depuis sa fondation , sous la direction de M. Édouard Charton. Mensuel. In-4, 32 p. Rue Jacob, 30. — Paris : un an, 6 fr. Départements : 7 fr. 50.

25ᵉ année. — 24 vol. sont en vente.

Maîtrise (la) ; journal de musique religieuse. Mensuel. Du 10 au 15. in-4, 8 p., 2 col. Rédacteur en chef, J. d'Ortigue. Directeur-fondateur, L. Niedermayer. Rue Vivienne, 2 *bis*, maison Heugel et comp. — Paris : un an, 30 fr., avec texte, orgue et chant réunis. Départements : 36 fr. Étranger : 42 fr. — Avec texte et 36 morceaux de chant ou d'orgue : 18 fr.; 24 fr. et 25 fr. Le texte seul : 6 fr. pour la France ; 8 fr. pour l'étranger.

Manuel des notaires et des avocats; recueil de jurisprudence et de doctrine, de lois, décrets, sénatus-consultes et actes législatifs, par F.-M. Sellier, avocat. Mensuel. In-8, 44 p. Rue des Grands-Augustins, 5. — France : un an, 13 fr.

Prix de la collect. 1849 à 1853 : 20 fr.; — de 1854, 1855 et 1856 : 12 fr.

Médecin (le) de la maison. Journal d'hygiène, de médecine et de pharmacie usuelles. Le 15 et le 30 de chaque mois. In-4, 8 p., 2 col. Rédacteur en chef, le docteur Reinvillier. Rue Bergère , 24. — France : un an, 5 fr. Étranger ; port en sus.

7ᵉ année.

Mémorial du notariat et de l'enregistrement , fondé par M. Gagneraux, et continué par ses collaborateurs. Mensuel. In-8 , 48 p. Rue d'Anjou-Dauphine , 8. — France : un an , 12 fr.

32ᵉ année. — Tome IV de la 2ᵉ série.

Mémorial des percepteurs et des receveurs des communes, hospices, bureaux de bienfaisance et autres établissements publics. Recueil administratif paraissant une fois par mois, sous la direction de E. Durieu. In-8. 32 p. Rue Grenelle-Saint-Honoré, 45. — France : un an, 7 fr.

Ménestrel (le). Tous les dimanches. Petit in-fol., 4 p., 3 col. Directeur, J. L. Heugel. Rédacteur en chef, J. Lory. Rue Vivienne, 2 *bis*. — Paris : un an (texte seul), 5 fr. Départements : 6 fr. Texte et 26 morceaux de musique, Paris : 15 fr. Départements : 18 fr. Texte et 52 morceaux de musique pour chant et piano réunis, 4 albums, Paris : 25 fr. Départements : 30 fr.

Mercure universel ; moniteur de la haute carrosserie et sellerie, illustré par A. Guillon, architecte et dessinateur en voitures. Le 15 de chaque mois. In-fol., 4 p. Rédacteur en chef, Ch. René. Rue Pigale, 22. — France : un an, 20 fr. Étranger : 25 fr.

Mercuriale des halles et marchés ; journal commercial, agricole. In-4. Rue Coq-Héron, 5. — France : 1re édit., 6 numéros par semaine, un an, 32 fr.; six mois, 18 fr.; 3 mois, 10 fr. 2e édit., 3 numéros par semaine : 22 fr., 12 fr. et 7 fr. 3e édit., 2 numéros par semaine, jeudi et dimanche : 18 fr. et 10 fr. 4e édit., un seul numéro, celui du jeudi ou du dimanche au choix : un an, 12 fr.

Messager de la banlieue. Le dimanche. In-4, 8 p., 3 col. Directeur-rédacteur, Henry Isambard. Rue de Larochefoucauld, 15, à Boulogne (Seine). — France : un an, 20 fr. 6 mois, 10 fr.

4e année.

Messager de la Bourse ; journal de l'industrie et du crédit international. Le mercredi et le samedi. Grand in-4, 8 p., 3 col. L'un des propriétaires-gérants, Radier. Rue de Ménars, 6. — France : un an, 12 fr.; 6 mois, 6 fr.

Messager (le) de la charité. Paraissant tous les samedis, sous la direction de M. l'abbé Mullois. In-fol., 4 p., 4 col. Rue du Bac, passage Sainte-Marie, 3. — France : un an, 7 fr. Étranger : 10 fr.

Messager (le) des théâtres. Tous les jours. In-fol., 4 p., 4 col. Gérant, Eubasse. Rue Grange-Batelière, 13. Le numéro : 20 c.

Programme des spectacles. — Revue dramatique et annonces.

Messager des théâtres et des arts, consacré aux intérêts des cinq associations critiques. Paraissant le mercredi et le dimanche. In-fol., 4 p., 4 col. Rédacteur en chef, A. Denis. Rue Grange-Batelière, 13.—France : un an, 36 fr.; 3 mois, 10 fr. Étranger : 40 fr. et 11 fr. Le numéro : 50 c.

Messagiere (il) di Parigi, giornale non politico. Le dimanche. Gr. in-4, 4 p., 3 col. Directeur, A. L. Bruzzi; administrateur, A. Verger ; gérant, J.-F. Clavel. Faubourg Montmartre, 4. — France : un an, 20 fr.; six mois, 12 fr. Étranger : 29 fr et 15 fr.

1re année.

Mode (la) nouvelle. Littérature, — religion, — histoire, — beaux-arts, — sciences, — poésie, — critique, — théâtres,—causeries des salons. Les 1er, 11 et 21 de chaque mois. In-8, 64 à 80 p., avec gravures de modes, tapisseries, broderies, musique, etc. Rue Louis-le-Grand, 21. — Paris : un an, 28 fr.; 6 mois, 15 fr.; 3 mois, 8 fr. Départements : 32 fr., 17 fr. et 9 fr. Angleterre : 36 fr., 20 fr., et 11 fr. Étranger et colonies : selon la taxe.

Mode (la) de Paris ; journal du monde élégant. Les 1er et 16 de chaque mois. In-4, 16 p., 2 col., avec une gravure de modes coloriée. Gérant, Lucot. Rue Coq-Héron, 5. — Paris : un an, 15 fr.; 6 mois, 8 fr.; 3 mois, 4 fr. Départements et Algérie : 18 fr., 10 fr. et 5 fr. Le port en sus pour l'étranger.

Dessins de broderies, tapisseries, filet, etc. Patrons de grandeur naturelle.

Modes (les) parisiennes illustrées ; journal de la bonne compagnie. Fashions, toilettes, ameublement, théâtres, etc. Le samedi. In-8, 16 p., 2 col. Rue Bergère, 20. — France et ses colonies : un an, 28 fr.; 6 mois, 14 fr.; 3 mois, 7 fr. Étranger : suivant le tarif.

Avec chaque numéro, 1 gravure coloriée. Prime pour les abonnés d'un an.

Monde (le) illustré ; journal hebdomadaire. Le samedi. In-4, 16 p., 3 col. Gérant, Delaunay. Librairie nouvelle, 15. Boulevard des Italiens. — France : un an, 18 fr.; 6 mois, 9 fr.; 3 mois, 5 fr. Étranger : le port en sus.

Chaque numéro contient un *Courrier de Paris* signé André (Jules Lecomte), des articles de G. Sand, Méry, Léon Gozlan, etc. — Des dessins d'actualité. 1re année.

Monde (le) industriel; journal des expositions universelles, moniteur des conseils de prud'hommes et des chambres de commerce. Le jeudi. In-fol., 4 p., 5 col. Directeur, Junqua. Rue du Faubourg-Montmartre, 47. — Paris : un an, 32 fr. Départements : 35 fr. Étranger : 40 fr.

Moniteur de l'agriculture. In-4. Rue Coq-Héron, 5. — Paris, édit. quotidienne : un an, 25 fr. Départements : 32 fr. Édition semi-quotidienne : Paris, un an, 45 fr. Départements : 22 fr.

Moniteur (le) de la Bourse; journal des chemins de fer. Organe des grands établissements de crédit. Guide des opérations financières, industrielles et commerciales. In-fol. Hebdomadaire. Directeur gérant, A. Poussineau. Rue Notre-Dame-des-Victoires, 42. — Paris : un an, 8 fr. Départements : 40 fr. Étranger : frais de poste en sus.

Moniteur (le) des comices et des cultivateurs. Journal spécial des associations, des établissements et des intérêts agricoles, illustré de gravures et publié le 4er et le 45 de chaque mois. In-8, 32 p. Propriétaire-gérant, A. Jourdier. Rues Vaugirard, 9; Pierre-Sarrazin, 44; Lafayette, 35. — France : un an, 6 fr.

Moniteur des connaissances utiles et pratiques; journal mensuel des découvertes, procédés, recettes et notions utiles, contenant le résumé de tout ce qui se publie en France et à l'étranger de nouveau, d'applicable et d'utile. In 8, 32 p. Directeur, L. Favre. Rue Saint-André-des-Arts, 5. — France : un an, 5 fr.

Publié depuis le 1er janvier 1854. — Les abonnés reçoivent à titre de prime le *Manuel complet de la Bourse.*

Moniteur (le) de la cordonnerie. Voy. *Innovateur (l').*

Moniteur des cours publics littéraires, scientifiques et philosophiques. — Collège de France. — Sorbonne. — Conservatoire des arts et métiers.— Facultés de province, etc. Le jeudi de chaque semaine. In-8, 32 p. Rédacteur en chef, Maurice Meyer. Directeur, J. Claye. Rue Saint-Benoît,

7. — Paris : un an, 22 fr.; 6 mois, 42 fr. Départements : 25 fr. et 44 fr. Étranger : 30 fr. et 46 fr.

Moniteur (le) des dames et des demoiselles; guide complet de tous les travaux de dames. Le 4er de chaque mois. Grand in-8, 32 p., 64 col. Directeur-gérant, A. Goubaud. Rue Richelieu, 92. — Paris : un an, 40 fr. Départements : 42 fr.

Gravures de modes, broderies, patrons divers, 6 albums de musique.

Moniteur (le) dramatique; journal des théâtres. Revue hebdomadaire de la littérature et des beaux-arts. Rédacteur en chef, Henri Denys. In-4, 4 p., 2 col. Rue Bonaparte, 39. — Paris : un an, 20 fr.; 5 mois, 44 fr. Départements : 24 fr. et 43 fr. Étranger : 26 fr. et 44 fr.

Moniteur général des voyageurs, chemins de fer, voitures publiques de la banlieue de Paris, contenant : 4o les tableaux officiels de tous les services des chemins de fer de la banlieue de Paris; 2o le guide alphabétique de Paris avec leurs moyens de communication. In-4, 4 p. Passage Saulnier, 40. Le numéro : 40 c.

Moniteur (le) des hôpitaux, revue médico-chirurgicale de Paris. Le mardi, jeudi et samedi de chaque semaine. In-4, 8 p., 2 col. Rédacteur en chef, M. H. de Castelnau. Rue Garancière, 5. — France : un an, 22 fr.; 6 mois, 42 fr.; 3 mois, 7 fr. — Étranger : le port en sus.

Moniteur d'hygiène et de salubrité de France, paraissant le 4er et le 45 de chaque mois. Gr. in-8, 46 p., 2 col. Administrateur général, F. Le Marié de Champtenay. Rue des Grands-Augustins, 6. — France : un an, 8 fr.

Moniteur (le) de la marine, journal de la navigation intérieure, paraissant tous les dimanches. Pet. in-f., 4 p., 3 col. Rédacteur-gérant, L. d'Artois, Rue Richelieu, 85. — France : un an, 20 fr.; 6 mois, 42 fr.

Moniteur (le) de la mode, journal du grand monde. Modes, lingerie, confections, broderies, patrons de tous genres, etc., fondé à Paris, le 4er avril 4843. Édition française-anglaise, fondée le 4er janvier 4854.

Mensuel. In-4, 16 p., 2 col. Directeur-gérant, Ad. Goubaud.—Paris : rue Richelieu, 92. New-York : Chambers street, 76. Un an, 38 fr.

Avec chaque numéro, 4 gravures sur acier et de très-grands patrons parfaitement expliqués dans le texte.

Moniteur (le) de la mode, journal du grand monde. Modes., travaux de dames, patrons, broderies, littérature, beaux-arts, théâtres, etc. Les 5, 15 et 25 de chaque mois. Gr. in-8, 16 p. Directeur-gérant, Ad. Goubaud. Rue Richelieu, 92. — Paris, départements, Algérie : un an, 25 fr.; 6 mois, 14 fr.; 3 mois, 7 fr. 50. Belgique et Suisse : 28 fr., 15 fr. et 8 fr. 50.

Chaque année 48 belles gravures sur acier et coloriées à l'aquarelle, 20 patrons de grandeur naturelle.

Moniteur (le) scientifique du chimiste et du manufacturier, livre-journal, paraissant tous les 15 jours, spécialement consacré à la chimie générale pure et appliquée, et faisant suite à la *Revue scientifique* et aux *Secrets des arts*, par le docteur Quesneville, chimiste-manufacturier. In-4, 24 p. Passage Sainte-Croix-de-la-Bretonnerie, 6. — France : un an, 12 fr.; 6 mois, 6 fr. Étranger, selon la taxe.

Moniteur des tribunaux, journal judiciaire du dimanche. Gr. in-4, 8 p., 3 col. Gérant, Perret. Rue Sainte-Anne, 29. — Paris : un an, 10 fr.; 6 mois, 5 fr.; 3 mois, 3 fr. Départements, Corse et Algérie : 12 fr., 6 fr. et 3 fr. 50. Belgique : 13 fr., 7 fr. et 4 fr.

Moniteur (le) vinicole, journal de Bercy et de l'entrepôt, organe de la production et du commerce des vins et spiritueux. Tous les mercredis. Pet. in-f., 4 p., 4 col. Directeur-gérant, Le Sourd. Rue des Saints-Pères, 40. — France : un an, 15 fr.; 6 mois, 8 fr. Étranger : 20 fr. et 10 fr.

Monte (le) Cristo, journal hebdomadaire de romans, d'histoire, de voyages et de poésie, publié et rédigé par Alexandre Dumas, seul. In-4, 16 p., 2 col. Bureaux, rue Notre-Dame-des-Victoires, 11. — Paris :

un an, 8 fr; six mois, 4 fr. 50. Départements : 10 fr. et 5 fr. 50.

1re année.

Musée des familles, lectures du soir, monde pittoresque, religion, morale, sciences, littérature, beaux-arts, actualités, etc. Le 25 de chaque mois. In-8, 32 à 48 p. Rédacteur en chef, Pitre-Chevalier. Rue Saint-Roch, 29. —Paris : un an, le musée seul, 6 fr., avec les *Modes vraies*, 11 fr. Départements : 7 fr. 50 c. et 13 fr. 70 c. Étranger, selon la taxe postale.

24e année.—23 volumes sont en vente, années 1834 à 1856. Prix de chaque volume : 6 fr. pour Paris ; 7 fr. 50 pour les départements. — Table générale des 20 premiers volumes : 2 fr., et par la poste, 2 fr. 50.

Musée (le) des modes, revue du grand monde, journal fashion artistique des tailleurs, fondé par J. V. C. Fontaine. Mensuel. Gr. in-8, 20 p., avec patrons et gravures. Place de la Bourse, 7.—France : un an, 14 fr.; 6 mois, 7 fr. 50 ; 2 fr. en sus pour l'étranger. — Espagne et Portugal : 18 fr.; colonies : 20 fr.

Musée (le) des sciences, journal hebdomadaire illustré, paraissant le mercredi, sous la direction de MM. F. Belly et le Couturier. In-4, 8 p., 2 col. Rue des Halles, 5. — Paris : un an, 5 fr. Départements : 6 fr.

Musée universel, histoire, littérature, science, arts, industrie, voyages, nouvelles. Deux éditions, l'une hebdomadaire, l'autre mensuelle. In-4, 2 col. Direction littéraire, A. Fouquier, continuateur de l'*Annuaire historique*, dit de Lesur. Direction artistique : H. Lebrun, fondateur de la *Mosaïque*. Rue des Saints-Pères, 8.

Le *Musée universel* paraît tous les samedis par feuille de 8 pages in-4 à 2 col. Illustrée de 4 à 6 magnifiques gravures. — Le numéro, 10 c. Pas d'abonnement pour cette édition. — Et tous les mois, par livraison de 4 à 5 feuilles, brochée, couverture imprimée, ornée de 20 à 30 gravures. Le numéro, 50 c. — Paris, un an, 6 fr.; départements, 7 fr.

N

Nouveau journal des connaissances utiles, encyclopédie mensuelle, in-

ventions , procédés, recettes et notions usuelles, agriculture, horticulture, etc., orné de gravures dans
le texte. Publié avec le concours de
plusieurs savants et hommes pratiques, sous la direction de M. Joseph
Garnier, professeur à l'école impériale des ponts et chaussées. In-8 ,
32 p., 2 col. Rue de Provence , 3.
—Paris : un an, 6 fr. Départements :
7 fr. 50.

Nouveau journal des conseils de fabri-
que, des curés, desservants, vicai-
res, etc., et du contentieux du
culte. Mensuel. Gr. in-8, 32 p. Rue
d'Anjou-Dauphine , 8. — France :
un an, 10 fr. Étranger : 12 fr.

Nouveau (le) monde, journal artistique, littéraire et scientifique. Le 1er
de chaque mois. Gr. in-4, 4 p. 3 col.
Rédacteur en chef, gérant, Gustave
Devieu. Rue Constantine, 32, à Bel-
leville. — Paris : un an, 5 fr. Départements : 6 fr. Étranger, selon
les droits de poste.

Nouvelles annales de la construction,
publication rapide et économique
des documents les plus récents et
les plus intéressants, relatifs à la
construction française et étrangère
destinée aux ingénieurs, architectes,
etc. Mensuel. In-f., 4 à 8 p., 2 col.
Directeur : C. A. Oppermann. Quai
des Augustins, 49. — Paris : un an,
15 fr. Départements : 18 fr. Espagne et Portugal : 26 fr. Belgique ,
Suisse, Italie : 22 fr. Angleterre et
Allemagne : 18 fr. jusqu'à la frontière.

3e année — Avec chaque livraison,
4 à 8 planches. Figures dans le texte.

Nouvelles annales de la marine et des
colonies, revue mensuelle. In-8 ,
64 p. Rue de Grenelle-Saint-Honoré,
45. — France : un an, 20 fr.

Nouvelles annales de mathématiques,
journal des candidats aux écoles
polytechnique et normale, rédigé
par MM. Terquem et Gérono. Le 1er
de chaque mois. In-8, 48 à 64 p.
Quai des Augustins, 55. — Paris :
un an, 12 fr. Départements, 14 fr.
Étranger, selon la taxe.

Nouvelles annales des voyages, de la
géographie, de l'histoire et de l'archéologie. Rédigées par V. A. Malte-

Brun, secrétaire adjoint de la commission centrale de la société de
géographie de Paris, etc. Le 15 de
chaque mois. In-8, 428 p. Rue
Hautefeuille, 21 , librairie Arthus
Bertrand. — Paris : un an, 30 fr:
Départements : 36 fr. Étranger.
42 fr.

8e année de la 6e série. — Les Annales ont été fondées en 1808 par M. Malte-
Brun père, qui les a continuées jusqu'en
1814. Les Nouvelles Annales ont paru
en 1819 et forment cinq séries qui se
vendent séparément.

Nouvelliste (le), journal de Paris ; programme des spectacles. Quotidien.
In-f. 4 p. 4 col. Gérant, Rabasse.
Rue de la Grange-Batelière, 13. Le
numéro : 20 c.

Reproduction des articles du *Foyer
dramatique*, de l'*Entr'acte*, du *Messager des Théâtres* et du *Vert-Vert*.

O

Observateur (l') catholique, revue des
sciences ecclésiastiques et des faits
religieux. Le 1er et le 16 de chaque
mois. In-8, 32 p. Rue de Savoie, 12,
librairie Huet. — France : un an ,
12 fr.; 6 mois, 7 fr. Étranger : 15 fr.
et 8 fr.

Observateur (l') du dimanche, bulletin de l'œuvre du repos des dimanches et des fêtes. Mensuel. In-8 ,
32 p. Gérant, Muffang. Rue des
Saints-Pères, 47. — France : un an,
3 fr. Belgique, Suisse, États-Sardes :
3 fr. 50. Angleterre, Allemagne ,
Italie, Espagne : 4 fr. Le numéro :
30 c.

Observateur (l') des modes et le Nar-
cisse réunis, journal théori-pratique
de l'art du tailleur, fondé et publié
par Fontaine, père et fils. Mensuel.
Gr. in-4, 20 p. avec patrons et gravure. Place de la Bourse, 7. —
France : un an, 14 fr. avec les grands
patrons et tous les suppléments;
10 fr. avec les patrons tous les
trois mois ; 2 fr. en sus pour l'é-
tranger. Espagne et Portugal : 48 fr.
Colonies 20 fr.

Reproduction, sous un autre titre, du
Musée des Modes.

Omnibus (l'), littérature, histoire,
voyages, théâtres. Hebdomadaire.

In-4. 8 p., 3 col. Éditeur, H. Bois-
gard. Rue du Cloître-Notre-Dame, 10.
—France : un an, 8 fr. Le numéro :
5 c.

Recueil de nouvelles illustrées.

Orgue (l') ; journal des dimanches et
des fêtes, publié sous la direction
de L.-F.-A. Frelon. Du 1ᵉʳ au 15 de
chaque mois. In-4, 16 p. Rue Mes-
lay, 45. — France : un an, 10 fr.;
6 mois, 6 fr. Étranger : le port en
sus.

Le 1ᵉʳ numéro a paru en juillet 1857.

Orphéon (l'), moniteur des orphéons
et sociétés chorales de France et de
Belgique, paraissant le 1ᵉʳ et le 15
de chaque mois. Petit in-fol. 4 p.,
4 col. Rédacteur en chef, Jules Simon. Rue Notre-Dame-de-Nazareth,
61. — France : un an, 12 fr.

P

Panthéon biographique ; revue mensuelle, historique et nécrologique,
diplomatique, nobiliaire, militaire,
administrative, parlementaire, judiciaire, etc... In-8, 64 p. Fondateur
et rédacteur en chef, Albéric de
Busnes. Rue de Trévise, 36.—Paris :
un an, 30 fr. Départements : 34 fr.
Étranger : 36 fr.

2 vol. par an. 5 vol. sont en vente.

Paris (the) echo. Commerce, industry,
literature, sciences, arts and amuse-
ments. Devoted to American in-
terest. Published every Sunday.
(Tous les dimanches.) Gr. in-4, 8 p.,
3 col. Propriétaire gérant, J. Hé-
bert. Rue du Colysée, 3. — Paris :
un an, 25 fr. Étranger : le port en
sus.

1ʳᵉ année. — Numéro 1, 28 juin 1857.

Paris (le) élégant ; journal des modes.
Les 1ᵉʳ et 15 de chaque mois. In-4,
16 p., 2 col. Rue Sainte-Anne, 64.
France : un an, 20 fr.; 6 mois,
11 fr.; 3 mois, 6 fr. Étranger :
50 c. en sus par trimestre.

**Avec chaque numéro, deux grav. de
modes, quatre planches de patrons divers.**

Paris et la grande banlieue ; journal
de la Seine, Seine-et-Oise et Seine-
et-Marne. Hebdomadaire. In-fol.,
4 p., 3 col. Gérant, Eug. Vanci. Rue

Jacques-de-Brosse, 10. — Paris et
la banlieue : un an, 20 fr.

Parisien (le) ; journal théorique de
l'art du tailleur. Revue des modes
d'hommes. Mensuel. In 4, 4 p.,
avec gravures, modèles et patrons.
Rédacteur, Barde. Rue Richelieu,
92. — Paris : un an, 10 fr. Départements : 12 fr. Étranger : 14 fr.

Parisiennes (les) ; journal des modes,
publié sous la direction de madame
Goudeau, marchande de modes,
sous le patronage et avec le concours de plusieurs dames du monde.
Mensuel. Grand in-8, 8 p., 2 col.
Gérant, Léon Goudeau. Boulevard
Montmartre, 21, et rue Richelieu,
112. — France : un an, 6 fr. Étranger : suivant l'échange postal.

**Avec chaque numéro, une gravure de
modes coloriée.**

Parterre (le). Théâtres. — Littérature.
—Beaux-arts.—Modes. Grand in-4,
4 p. Gérant, J. Dureau. Rue Amelot,
64. — France : un an, 40 fr. Le
numéro : 15 c.

**Programme quotidien des spectacles
avec un texte mensuel.**

Parterre (le) des dames et des demoiselles ; journal des loisirs utiles,
sous la haute direction de M. l'abbé
Casimir Magnat, ex-professeur de
botanique, etc. Le 5 de chaque
mois. Grand in-8, 32 p., 2 col.
Rue de Sèvre, 21. — Paris : un an,
10 fr. Départements : 12 fr. Étranger
: suivant la destination.

**2ᵉ année. — Avec chaque numéro, une
gravure de modes coloriée, patrons
divers.**

Passe-temps (le). Littérature, — histoire, — contes, — nouveelles, —
voyages, — biographies. Tous les
samedis. In-4, 8 p., 2 col. Éditeur,
E. Bazard. Rue des Grands-Augustins, 20. — Paris : un an, 4 fr. Départements : 5 fr. Étranger : 6 fr.,
taxe en sus.

Patrons (les) mensuels. Le 1ᵉʳ de
chaque mois. In-fol. Rue Sainte-
Anne, 64. — France : un an, 6 fr.
Étranger : 8 fr.

**Une grande feuille composée de mo-
dèles les plus nouveaux, donnant, chaque
année, environ 100 patrons de robes,
manteaux, confections, mantelets, de modes, etc. — Les abonnés à l'un des journaux publiés par la société de la rue Ste-**

Anne, 64, ne payeront que 4 fr. pour la France, et 6 fr. pour l'étranger.

Petit courrier des dames ; modes de Paris. Littérature, beaux-arts, théâtres. Le samedi. Gr. in-8, 12 p. Gérant, J. Thiéry. Boulevard des Italiens, 1. — France : un an, 28 fr. ; 6 mois, 14 fr. ; 3 mois, 7 fr. 50. Étranger : selon la taxe.

36e année. — Le *Petit Courrier* donne, chaque année, 64 gravures et 24 grandes planches de patrons et de broderie.

Petit courrier des halles et marchés. 4 fois par semaine, mardi, jeudi, vendredi soir, dimanche. In-4, 2 p. Directeur gérant, Ch. Pécourt. Rue Coquillière, 10.

Envoyé gratuitement aux abonnés de l'*Echo agricole* qui paraît les lundi, mercredi et samedi soir.

Petit Journal pour rire. Hebdomadaire. In-4, 8 p., texte et gravures. Rédacteur en chef, Nadar. Directeur, Philipon, rue Bergère, 20. Le numéro : 10 c.

Petit manuel de l'instruction primaire ; journal mensuel des instituteurs, publié sous la direction de M. Barrau. Le 10 de chaque mois. Grand in-8, 32 p., 2 col. Rue Pierre-Sarrazin, 14. — France : un an, 2 fr.

Petit (le) messager des missions évangéliques. 12 fois par an. In-18, 24 p., avec vignettes. Rue de Rivoli, 174, librairie Meyrueis et comp.; les libraires protestants de la France et de la Suisse française. France : un an, 2 fr. Suisse : même prix, franco jusqu'à la frontière. Allemagne, Angleterre, Hollande : 2 fr. 50.

13e année. — Prix des dix années de la 1re série, 15 fr.

Petit (le) messager des modes et le Confident réunis. Le 1er et le 16 de chaque mois. Grand in-8, 8 p, 2 col. Rue Sainte-Anne, 64. Paris : un an, 14 fr.; 6 mois, 7 fr. 50. Départements : 16 fr. et 19 fr. Étranger : suivant les destinations.

48 gravures et 4 grands patrons par an.

Petit moniteur de la pharmacie, journal-recueil publiant et classant tous les renseignements utiles à la pharmacie et à la médecine, ayant paru de 1851 à 1855 sous le titre de *Petites affiches pharmaceutiques*. Mensuel. In-8, 32 p. Directeur-gérant, C.-A. Philippe. Rue Gît-le-Cœur, 6. — Paris et départements : un an, 3 fr. Étranger : 4 fr. 50 c.

Petit (le) Tintamarre. Tous les samedis. In-4, 8 p. Rédacteur en chef : Commerson. Rues Montmartre, 93 et Grenelle-Saint-Honoré, 14. — Paris : un an, 6 fr. Départements : 8 fr.

Petites affiches pharmaceutiques et médicales, journal-recueil publiant et classant tous les renseignements utiles à la pharmacie et à la médecine. Un numéro par mois, 12 cahiers par an. In-8, 32 p., 2 col. Propriétaire-gérant. G. Gabillon. Rue Joquelet, 7. — France : un an, 6 fr. Le numéro : 50 c

Petites causes célèbres, par Frédéric Thomas. Mensuel. In 32, 96 p. Rue Guénégaud, 15; place de la Bourse, 15. Un an, 6 fr.

3e année. — Prix des deux premières années pour les souscripteurs à la troisième, cette dernière comprise : 22 fr.

Phrénologie (la), revue spiritualiste des manifestations de l'âme humaine, paraissant le 5 et le 20 de chaque mois. In-4, 8 p, 2 col. Rédacteur en chef, gérant, Pierre Béraud. Rue de Provence, 48. — Paris : un an, 15 fr. Départements : 18 fr. Étranger : 20 fr.

Pirate (le), journal critique, littéraire, artistique, théâtral, bibliographique, etc., paraissant tous les dimanches. Gr. in-4, 3 col. Directeur-propriétaire, Charton. Rue Montmartre, 148. — France, un an, 10 fr.; 6 mois, 6 fr.; 3 mois, 4 fr. Étranger : le port en sus.

1re année. N° 1, 9 août 1857.

Polichinelle. Tous les dimanches. In-4. 4 p., 3 col. Directeur-gérant, P. Bry. Rue Guénégaud, 17. — Paris : un an, 6 fr.; 6 mois, 3 fr. Départements : 8 fr. et 4 fr. Étranger, le port en sus.

2e année. — Rédacteurs : Pierre Dupont, G. Mathieu, J. J. Montjoie, A. Watripon, etc.

Portefeuille (le) de l'amateur, journal artistique, contenant un cours de dessin gradué. Les 1er et 15 de chaque mois. In-4, 4 p., 2 col. Rédacteur en chef, Alfred Busquet. — France : un an, 12 fr.; 6 mois, 6 fr. Étranger, le port en sus.

1re année. — Avec chaque numéro, 1° un sujet d'étude de genre, une marine ou une vue pittoresque ; 2° 2 planches de modèles élémentaires et variés ; 3° une feuille teintée dans le ton, et de la même disposition que le premier sujet.

Portefeuille économique des machines, de l'outillage et du matériel, relatifs à la construction, aux chemins de fer, aux routes, à l'agriculture, aux mines, à la navigation, à la télégraphie, etc., etc., dirigé par C.-A. Oppermann, ingénieur constructeur. Mensuel. In-fol., 2 à 4 p., 2 col. Quai des Augustins, 49. — Paris : un an, 15 fr. Départements : 18 fr. Étranger, port en sus.

Avec chaque livraison, quatre à huit planches.

Présent (le), revue hebdomadaire de la littérature et des beaux-arts. Le jeudi. Gr. in-8, 24 p. Directeur. Étienne Mellier. Rue Bonaparte, 39. — Paris : un an, 20 fr. Départements : 24 fr. Étranger : 26 fr.

1re année. — Cette revue formera chaque année quatre magnifiques volumes. Principaux rédacteurs : E. Mellier, Alex. Monin, P. Duffage, H. Denys. Léon Daléas, etc.

Presse (la) de la banlieue, journal hebdomadaire. Administration, intérêts locaux, agriculture et industrie. Gr. in-4, 4 p., 3 col. Rédacteur en chef, Léon Rolland. Rue du Marais-Saint-Martin, 39. Un an, 20 fr. Le numéro : 50 c.

Presse (la) littéraire, écho de la littérature, des sciences et des arts, paraissant tous les dimanches. Rédacteur en chef : A. Rolet. Rue Vivienne, 49. — France : un an, 15 fr.; six mois, 8 fr.; 3 mois, 4 fr. 50. Étranger, le port en sus.

Presse (la) théâtrale et musicale, revue critique et littéraire, paraissant tous les dimanches. Gr. in-4, 4 p., 3 col. Directeur, G. Kugelmann. Rédacteur en chef gérant, A. Giaconnelli. Rue Grange-Batelière, 13. — France : un an, 20 fr.; 6 mois, 12 fr.; 3 mois, 7 fr.

Progrès (le), journal des véritables intérêts de l'art du tailleur et des modes de Paris. Mensuel. In-8, 16 p. avec gravures. Rédacteur-gérant, Ad. Dubois. Rue Richelieu, 92. — Paris : un an, 6 fr. — Départements, Algérie, Belgique : 9 fr. Étranger, selon les taxes postales.

8e année.

Progrès (le) du tailleur ou l'art d'apprendre à couper seul par le système du mesurage de C. Chevallier. Mensuel. In-4, 8 p. Rue Sainte-Anne, 63. — France : un an, 12 fr.; 9 mois, 9 fr.; 6 mois, 6 fr.; 3 mois, 3 fr.

Projet de viabilité nouvelle dans Paris et ses abords, précédé d'un aperçu sur la possibilité d'établir des chemins de fer, promenade dans les parcs publics, notamment dans le bois de Boulogne, par F. Chapellier. Hebdomadaire. In-4, texte explicatif, plans et dessins. Quai Malaquais, 3. Un an, 40 fr.; 6 mois, 20 fr.; 3 mois, 12 fr.

Propagateur (le) homœopathique, scientifique et littéraire, publié par une société de médecins, de savants et d'hommes de lettres, sous la direction du directeur Oriard. Le jeudi. Petit in-fol., 4 p., 3 col. Rue Neuve-des-Mathurins, 55. — Paris : un an, 12 fr.; 6 mois, 7 fr.; 3 mois, 4 fr. Départements : 14 fr., 8 fr. et 5 fr. Étranger, surtaxe suivant le pays.

Propriété (la) littéraire et artistique, courrier de la librairie pour la France et l'étranger, paraissant tous les samedis. In-8, 24 et 32 p., 2 col. Rédacteur en chef, Paul Boiteau. Propriétaire-gérant : P. Jannet. Rue Richelieu, 15. — Paris : un an, 20 fr. Départements, 22 fr. Étranger : 24 fr.

Avec le Courrier de la Librairie, les abonnés reçoivent, à titre de prime, 1° un vol. de 36 feuilles, du Catalogue général de la Librairie française au XIXe siècle, indiquant par ordre alphabétique des noms d'auteurs, les ouvrages publiés en France du 1er janvier 1800 au 31 décembre 1855, par M. Paul Chéron, de la bibliothèque Impériale ; 2° vingt francs de livres à choisir sur le catalogue de la bibliothèque elzévirienne publiée par P. Jannet.

Protecteur (le), le législateur et l'ami des animaux, journal mensuel tendant à régler et améliorer le sort des animaux dans le plus grand intérêt de l'humanité, etc., etc., fondé et dirigé par Al. Godin. In-8, 32 à 64 p. Quai Malaquais, 15.— France : un an, 5 fr. Étranger : 6 fr.

2e année.

Psyché, album des dames et demoiselles, littérature, beaux-arts, modes, ouvrages de dames, économie domestique, théâtres, etc. Mensuel, in-8, 16 p., 2 col. Propriétaire-gérant, Lender. Rue Fontaine-Molière, 41. —France et colonies : un an, 12 fr. Étranger, suivant la taxe.

Avec chaque numéro, une gravure coloriée.

R

Rabelais. Critique et satire. — Actualités.— Chronique. — Théâtres. — Musique. — Beaux-arts. — Bibliographie.... Le mercredi et le samedi. In-4, 8 p., 3 col. Gérant, J.-B. A. Voisin. Directeur-propriétaire, Armand Sedixier. Rue Richelieu, 92. — Paris : un an, 20 fr.; 6 mois, 10 fr.; 3 mois, 5 fr. Départements : 24 fr., 12 fr. et 6 fr. Étranger : le port en sus.

1re année.

Razon (la) católica, revista mensual de religion, política, ciencias, literatura, economía política, belas artes, industria y agricultura. In-4., 32 p., 2 col. Éditeur-gérant, Vicente Oliva. Quai de l'École, 20. — Madrid, calle de Preciados, 38. — France : un an, 5 pesos fuertes. Les autres États de l'Europe : 6 pesos fuertes. Les colonies espagnoles : 10 pesos fuertes.

Recueil des arrêts du conseil d'état statuant au contentieux; par MM. Félix Lebon et Hallays-Dabot, avocats. Mensuel. In-8, 32 à 64 p. Rue du pont de Lodi, 3. — France : un an, 15 fr.

27e année.

Recueil général des lois et des arrêts fondé par J.-B. Sirey, rédigé depuis 1831 par L.-M. Devilleneuve, avocat, et par A.-A. Carette, docteur en droit, ancien avocat au conseil d'État, etc. Mensuel. In-4, 160 à 192 p. Rue de Savoie, 6.—Paris : un an, 24 fr. Départements : 27 fr. Étrangers : 32 fr.

Recueil général des sénatus-consultes, lois, décrets et arrêtés depuis le 1er décembre 1852 (XIe série, Empire français) avec des notes et deux tables annuelles, l'une chronologique et l'autre alphabétique, formant un volume chaque année; par le rédacteur du Journal des notaires et des avocats. In-8. Rue des Saints-Pères, 52.

Le Recueil est composé au fur et à mesure de la publication du Bulletin officiel des lois, et les livraisons paraissent aussitôt qu'il existe des matériaux suffisants pour compléter une livraison d'une ou de plusieurs feuilles doubles d'impression : 32, 64, 96 p. — Il paraît 12 livr. par an.

Recueil des lois et actes de l'instruction publique. Facultés, lycées, colléges, écoles libres, établissements scientifiques, écoles spéciales. Mensuel. In-8, 48 à 64 p. Rue des Mathurins, librairie J. Delalain. — France : un an, 6 fr.

10e année. — La collection des années 1848-1856 se compose de 9 forts vol. in-8. Prix, 4 fr. Chaque année séparément, 6 fr.

Recueil des lois, décrets, arrêts, jugements, avis du conseil d'état, décisions et instructions générales, concernant les droits d'enregistrement, de timbre, d'hypothèques, etc. Par Stéph. Tuénot. Mensuel. In-4, 16 p., 2 col. Rue Saint-Honoré, 338. — France : un an, 6 fr.; sur mandat : 7 fr. 50.

Recueil de médecine vétérinaire. Journal consacré à l'étude et aux progrès de la médecine vétérinaire et des sciences qui s'y rattachent, publié, avec le concours de MM. Delafond, Goubaux, Magne, profes. à l'école d'Alfort, etc.; par MM. Bouley, rédacteur en chef, et Reynal, rédacteur-adjoint. Mensuel. In-8, 88 p. Place de l'École-de-Médecine. Librairie Labé.—Paris : un an, 13 fr. Départements : 14 fr. 50. Étranger : suivant les conventions postales.

34e année.

Recueil des travaux de la Société médicale d'observations de Paris. In-8.

Rue Hautefeuille, librairie J.-B. Baillière et fils.

Ce recueil paraît par fascicules de 112 à 128 p , en janvier et juillet de chaque année. 4 fascicules forment 1 volume — On ne s'abonne que pour un an (2 fascicules). — Prix : 7 fr.

Réforme agricole scientifique , industrielle. Journal mensuel des sciences utiles dans leurs rapports avec l'agriculture. In-4, 8 p., 2 col. Rédacteur en chef, Nérée Boubée. Rue de l'École-de-Médecine, 10. — France : un an, 6 fr. Étranger : 7 fr.

10e année. — Le journal fait suite aux cinq premières années de l'*Écho du monde savant*.

Régence (la) ; revue des échecs et autres jeux. Littérature, sport, beauxarts, musique et chronique des théâtres. Le 45 de chaque mois. In-8. Rues Fontaine-Molière, 44, et Saint-Honoré, 471, au café de la Régence. — Paris . un an , 48 fr. Départements : 20 fr. Étranger : selon les taxes postales.

Renommée (la) des arts, de la littérature et des théâtres. Le dimanche. Petit in-fol., 4 p., 3 col. Directeurgérant, Duperrel de Sainte-Marie. Rue Neuve-des-Petits-Champs , 42. — France : un an, avec une *Revue mensuelle* de 400 p., 400 fr.

17e année.

Répertoire de pharmacie. Recueil pratique rédigé par M. Bouchardat. Mensuel. In-8, 48 p. Rue de l'École-de-Médecine , 47. — France : un an, 6 fr. Étranger : 8 fr.

13e année.

Revue anecdotique. Le 5 et le 20 de chaque mois. In-12, 24 p. Rue de Seine, 9. — France : un an, 5 fr.

« Mémorial très-utile et très-curieux des faits et des publications littéraires ; on y trouve une foule de curiosités trop dédaignées ailleurs, affiches singulières, prospectus exorbitants lettres de convocation... » (Éd. Thierry. *Moniteur* du 4 mars 1856.) — Fondée le 1er avril 1855, la *Revue anecdotique* forme, chaque année, 2 vol. de 300 p. chacun, avec table.

Revue archéologique, ou Recueil de documents et de mémoires relatifs à l'étude des monuments, à la numismatique et à la philologie de l'antiquité et du moyen âge, publiés par les principaux archéologues français et étrangers. Du 45 au 20 de chaque mois. In-8 , 80 p. Rue des Poitevins, 44. — Paris : un an , 25 fr ; 6 mois, 44 fr. Départements et étranger : 30 fr. et 46 fr.

14e année. — Les 12 cahiers annuels forment 2 vol. ornés de gravures sur bois intercalées dans le texte, et accompagnés de 24 planches sur acier.

Revue des beaux-arts, tribune des artistes, fondée sous les auspices de la société libre des beaux-arts. Le 1er et le 45 de chaque mois. Grand in-8. Directeur, F. Pigeory. Rue d'Amsterdam, 75. — Paris : un an, 8 fr. Départements : 48 fr. Étranger : 42 fr.

27e année. — La *Revue* paraît par livr. de 32 col. au moins, souvent avec supplément, et forme, chaque année, un trèsbeau vol. de près de 500 p.

Revue bibliographique et critique de droit français et étranger ; par une société de jurisconsultes et de savants, sous la direction de M. Charles Ginoulhiac. Tous les deux mois. In-8, 46 à 32 p. Rue des Grès , 7 ; librairie A. Durand. — Paris : un ans, 3 fr. Département et l'étranger : 4 fr.

Revue britannique ; recueil international. Choix d'articles extraits des meilleurs écrits périodiques de la Grande-Bretagne et de l'Amérique, complété par des articles originaux, sous la direction de M. Amédée Pichot. Mensuel. In-8 , 250 p. Rue Neuve-des-Augustins, 60. — Paris : un an, 30 fr.; 6 mois , 26 fr. 50. Départements : 56 fr. et 29 fr. 50. Étranger (à port double) : 62 fr. et 32 fr. 50.

2e année de la 8e série. — Principaux collaborateurs : A. Borghers, De Chambure, A. Clapier, Coquille, Em. Desmousseaux de Givré, Ch. Dupin, E. Forgues, Ad. Joanne, Leroux de Lincy, X. Marmier, P . Mérimée, A. Michiels, etc.

Revue chrétienne ; recueil mensuel. Le 45. In-8 , 64 p. Rédacteur en chef, E. de Pressensé. Rue de Rivoli, 474, librairie Meyrucis et comp. — France : un an , 40 fr.; 6 mois, 6 fr.

4e année. — On peut se procurer chacune des trois premières années de la *Revue* au prix de 7 fr. 50.

Revue chronométrique, journal des horlogers, scientifique et pratique, rédigé par Claudius Saunier, ancien directeur de l'école d'horlogerie de Mâcon. Mensuel. Grand in-8, 16 p. Rue Neuve-des-Petits-Champs , 19. — France : un an, 8 fr. ; 6 mois, 5 fr. Étranger : 10 fr. et 6 fr.

Revue coloniale. Mensuelle. In-8, 80 à 128 p. Rue de Grenelle-St-Honoré, 45. Paris : un an, 12 fr. Départements : 15 fr. Colonies et Étranger : 18 fr.

Revue critique de législation et de jurisprudence, par MM. Troplong, L. Wolowski, P. Dupont, etc. Mensuelle. In-8, 96 p. Rue Soufflot, 23. — France : un an, 18 fr. Étranger : 22 fr.

7e année.

Revue espagnole, portugaise, brésilienne et hispano-américaine. Religion, histoire, littérature, sciences, arts, industrie, finances, commerce. Le 5 et le 20 de chaque mois. In-8, 160 à 192 p. Directeur, Hugelmann. Rue Sainte-Anne, 20. Paris : un an, 50 fr. ; 6 mois, 30 fr. ; 3 mois, 16 fr. Départements : 60 fr., 36 fr. et 20 fr. Espagne et Portugal : 70 fr., 36 fr. et 20 fr.

1re année. — Les abonnés d'un an reçoivent, à titre de prime, le journal bimensuel *la Tribune des poètes*.

Revue étrangère médico-chirurgicale, paraissant deux fois par mois. In-4, 8 p., 2 col. Directeur-gérant, Félix Potard. Rue de Vaugirard , 146. — France : un an, 14 fr. Étranger : 18 fr.

2e année.

Revue française. Les 1er, 19 et 20 de chaque mois. In-8, 64 pages. Directeurs, J. Morel, E. Oger. Rue du Pont-de-Lodi, 5. — Paris : un an , 20 fr.; 6 mois, 12 fr. Départements : 22 fr. et 13 fr. Étranger : comme les départements, plus la surtaxe.

Prix du volume : 7 fr. 50 ; — de la collection (7 vol.) : 45 fr.

Revue et gazette musicale de Paris. Tous les dimanches. In-4, 8 p., 2 col. Directeur, S. Dufour. Boulevard des Italiens, 1. — Paris : un an, 24 fr. Départements, Belgique et Suisse : 30 fr. Étranger : 34 fr.

Revue et gazette des théâtres ; journal des auteurs, des artistes et des gens du monde ; feuille officielle des théâtres de la France et de l'étranger, paraissant le jeudi et le dimanche. Grand in-4, 4 p., 3 col. Directeur, Pommereux. Rue Sainte-Anne, 69. — Paris : un an, 40 fr. Départements : 44 fr. Étranger : 48 fr.

Revue générale de l'architecture et des travaux publics, journal des architectes, des archéologues, des ingénieurs et des entrepreneurs, publié sous la direction de M. C. Daly. Mensuel. In-4, 32 p. avec planches. Place Saint-Michel, 8. — Paris : un an, 40 fr. Départements et étranger : 45 fr.

17e année

Revue historique du droit français et étranger, publiée sous la direction de MM. Ed. Laboulaye, membre de l'institut; E. de Rozière, ancien professeur à l'école des chartes ; R. Dareste, avocat au conseil d'État ; C. Ginoulhiac, professeur à la Faculté de droit de Toulouse. Tous les deux mois. In-8, 96 à 112 p. Rue des Grés, 7, librairie Durand. — Paris : un an, 10 fr. Départements et étranger : 42 fr.

2e année.

Revue horticole, journal d'horticulture pratique, résumé de tout ce qui paraît d'intéressant en plantes utiles ou d'agrément, procédés de culture, etc., rédigée par MM. V. Borie, du Breuil, Dupuis , etc. Le 1er et le 16 de chaque mois. In-8, 32 p. Rue Jacob, 26. — France, Algérie : un an, 9 fr. Étranger, selon la taxe.

Prix de la collection complète (1852 à 1854) : cinq vol. et 120 gravures coloriées, 45 fr. Chaque vol. pris séparément, 9 fr.

Revue illustrée de l'industrie, arts, sciences, nouvelles inventions, découvertes utiles. Une fois par mois. In-4, 16 p. Gérant, Bernou. Rue de la Douane, 28. — Paris : un an, 6 fr. Départements : 7 fr. Étranger : 8 fr. Le numéro, 30 centimes.

Revue et magasin de zoologie pure et appliquée; recueil mensuel destiné à faciliter aux savants de tous les pays les moyens de publier leurs observations de zoologie pure et appliquée à l'industrie et à l'agriculture, leurs travaux de paléontologie, d'anatomie, etc., par F.-E. Guérin-Méneville. In-8. Rue des Beaux-arts, 4. — Paris : un an, 20 fr. Départements : 23 fr.

Chaque année se compose d'environ 60 feuilles d'impression avec planches en noir ou coloriées.

Revue (la) médicale française et étrangère, journal des progrès de la médecine hippocratique, fondé par le professeur Cayol, publié par le docteur Sales-Girons, rédacteur en chef. Deux fois par mois. In-8, 64 p. Rue du Dragon, 46. — Paris : un an, 20 fr. Départements : 25 fr. Étranger : 30 fr.

38ᵉ année.

Revue de la mode; journal du grand monde, publiant chaque année 52 splendides gravures de modes parisiennes, feuilles de patrons, de broderies, confections et lingeries. Paraissant chaque semaine. In-4, 16 p., 2 col. Boulevard des Italiens, 15, librairie nouvelle. Paris, départements, Algérie : un an, 24 fr. ; 6 mois, 12 fr.; 3 mois, 6 fr. Étranger : selon la taxe.

Primes de 8, 4 et 2 vol. pour les abonnés de 1 an, 6 mois et 3 mois, à choisir sur le Catalogue de la *Librairie nouvelle.*

Revue moderne. Le 10 de chaque mois. Gr. in-8, 64 à 80 p. Directeur, Charles Sauvestre. Rue Jacob, 46.— Paris : un an, 20 fr.; 6 mois, 11 fr.; 3 mois, 6 fr. Départements : 22 fr.; 12 fr. et 7 fr. Étranger : comme les départements, plus la surtaxe :

1ʳᵉ année. n° 1, 10 juillet 1857.

Revue municipale et Gazette réunies; journal administratif et historique; bulletin de la propriété parisienne et du département de la Seine. Paraissant les 1ᵉʳ, 10 et 20 de chaque mois. In-4, 8 p., 2 col. Directeur, Louis Lazare. Boulevard du Temple, 10.—Paris : un an, 12 fr. Départements : 15 fr.

10ᵉ année de la *Revue municipale;* 16ᵉ année de la *Gazette municipale.*

Revue numismatique, publiée par J. de Witte, membre de l'Académie royale des sciences de Belgique, correspondant de l'Institut, etc.; et Adrien de Longpérier, membre de l'Institut, etc. Tous les deux mois. In-8, 64 à 80 p. Rue Vivienne, 12. — France : un an, 16 fr,

La *Revue* forme, chaque année, un vol. d'environ 500 p., orné de nombreuses planches gravées sur acier et de vignettes sur bois intercalées dans le texte.

Revue de l'Orient, de l'Algérie et des colonies. Bulletin de la Société orientale de France. Recueil consacré à l'étude de la géographie, de l'histoire, des voyages, de la littérature, des sciences, de la colonisation, de l'agriculture, du commerce, des religions, des mœurs et coutumes des peuples de l'Orient, etc. Rédigé avec le concours de la Société orientale et la collaboration de membres de l'Institut, d'orientalistes, de consuls et de voyageurs. Le 15 de chaque mois. In-8, 80 à 96 p. Rédacteurs en chef, V. Langlois, Éd. Dulaurier. Rue de l'École-de-Médecine, 20 ; Lyon, place Bellecour, 34.—France et Algérie : un an, 20 fr. Étranger : 25 fr.

Revue parisienne. Correspondance littéraire ; théâtres, romans-feuilletons; beaux-arts. Du 1ᵉʳ au 15 de chaque mois. In-fol., 4 p., 4 col. Rédacteur en chef, Ad. Favre. Rue de Lancry, 62.

7ᵉ année. — Recueil d'articles destinés à être reproduits dans les journaux français ou étrangers qui ont traité avec l'administration de la *Revue.*

Revue photographique, paraissant le 5 de chaque mois. Gr. in-8, 16 p., 2 col. Gérant, Wulff. Rue Charlot, 57. Paris : un an, 15 fr. Départements : 8 fr. Étranger : 10.

Revue pratique du droit français. Jurisprudence, doctrine, législation ; par MM. Charles Demangeat, professeur à la Faculté de Paris ; Fr. Mourlon, Ch. Ballot et E. Olivier, avocats à la cour de Paris. Tous les 15 jours. In-8. Rue Soufflot, 17, libr. Marescq et Dujardin. — France : un an, 15 fr. Étranger : 18 fr.

Le 1ᵉʳ numéro a paru le 15 février 1856. — 24 numéros (1ʳᵉ année), formant 2 vol., sont en vente.

Revue des sociétés savantes, publiée sous les auspices du ministre de l'instruction publique et des cultes. Travaux des sociétés savantes de la France et de l'étranger. Documents inédits. Missions scientifiques et littéraires. Le 25 de chaque mois. In-8, 128 p. Rédacteur en chef, Ch. Louandre. Rue Grenelle-Saint-Honoré, 45, librairie P. Dupont ; rue Bonaparte, 5, librairie Gide et Baudry. — France : un an, 20 fr.

Revue des spécialités et des innovations médicales et chirurgicales ; fondée et dirigée par Vincent Duval, docteur en médecine, etc. Tous les deux mois. In-8, 32 à 48 p. Quai de Billy, 8. — Paris : un an, 6 fr. Départements et étranger : 17 fr.

Revue de thérapeutique... V. *Journal des connaissances médico-chirurgicales.*

Roger-Bontemps (le) ; journal illustré. Paraissant tous les samedis. in-4, 8 p., 3 col. Rue Saint-Jacques, 55. — Paris : un an, 3 fr. Départements : 4 fr. Le numéro : 5 c.

Rosier de Marie ; journal en l'honneur de la Sainte Vierge, sous la direction d'une société d'ecclésiastiques. Le samedi. Petit in-fol., 4 p. 4 col. Gérant, A. de Brienne. Passage Colbert, 16. — Paris : un an , 10 fr. Départements : 12 fr. Étranger : 16 fr.

2ᵉ année. — Avec cette épigraphe : *Regnum Galliæ, regnum Mariæ.* — Tout par Marie, rien sans Marie.

Ruche (la) parisienne ; journal illustré. Paraissant tous les samedis. In-8, 46 p., 2 col. Directeur, G. Noblet. Rue de Seine, 41. — Paris : un an, 6 fr. Départements : 7 fr. Le numéro : 10 c.

S

Saisons (les) ; revue générale de modes et de nouveautés en tous genres. Paraissant aux quatre saisons de l'année, en avril, juin, septembre et novembre. In-4 , 16 p., 2 col. Rue de la Jussienne, 9. — France : un an , avec 4 gravures, 4 fr. ; avec 8 gravures, 5 fr. ; avec toutes les planches, patrons, etc. 6 fr.

Santé (la) universelle ; guide médical des familles, des curés de campagnes, des instituteurs, des dames de charité et des personnes bienfaisantes. Le 10 de chaque mois. In-8, 32 p., 2 col. Rédacteur en chef, le docteur H. Cottin , élève du professeur Récamier. Rue de Grenelle-Saint-Germain , 39. — France : un an, 6 fr. Étranger : 8 fr. Pays d'outre-mer : 10 fr.

Cinq vol. ont paru. Prix : 20 fr.

Science (la) contre le préjugé. Journal paraissant tous les samedis. In-4 , 8 p. Rédacteur-gérant, P.-J. Pareur. Rue d'Enghien, 14.— France : un an, 8 fr.

3ᵉ année.

Science (la) ; journal des sciences pures et appliquées. Astronomie , mathématiques, physique, chimie, géologie... Bulletin spécial des découvertes relatives à l'électricité et à son application. Le jeudi et le dimanche. In-4, 8 p., 2 col. Rédacteur en chef , Th. de Moncel. Rue Coq-Héron, 5. — France : un an , 18 fr. ; 8 mois, 10 fr. ; 3 mois, 6 fr.

3ᵉ année.

Science (la) pour tous ; journal illustré paraissant tous les jeudis. In-4, 8 p., 2 col. Propriétaire-gérant, J. Collonge ; rédacteur en chef, J. Rambosson. Rue Saint-Sulpice, 22. — Paris : un an, 5 fr. ; 6 mois, 2 fr. 50. Départements : un an , 6 fr. ; 6 mois, 3 fr.

Semaine (la) des enfants ; magasin d'images et de lectures amusantes et instructives. Le samedi. Gr. in-8, 8 p. Rue Vaugirard, 9 ; rue Pierre-Sarrazin , 14, librairie Hachette. — Paris : un an, 6 fr. Départements : 8 fr. Le numéro : 10 c.

Semaine (la) ; magasin universel, paraissant tous les samedis. in-8 , 32 p. Rédacteur en chef, A. Rolet. Rue Vivienne, 48. — France : un an, 10 fr. ; 6 mois, 5 fr. 20 ; 3 mois. 2 fr. 60. Étranger : le port en sus. Le numéro : 20 c.

Semaine (la) religieuse ; revue du culte et des bonnes œuvres. Annales du bien. Distribuée, chaque dimanche, aux abords des églises du diocèse. In-8, 24 p. Rue Férou, 4. —Paris : un an, 6 fr.; 6 mois, 3 fr. Départements : 8 fr. 50 et 4 fr. 50.

Siècle (le) industriel ; journal des sociétés anonymes et en commandites, organe des chemins de fer, de la navigation et des grands établissements de crédit ; publiant tout ce qui concerne l'industrie, le commerce et les intérêts maritimes. Deux fois par semaine (jeudi et dimanche). In-fol., 4 p., 5 col. Gérant, Martin Blocq. Rue de la Victoire, 10. — Paris : un an, 20 fr. Départements : 24 fr. Étranger : frais de poste en sus.

4e année.

Société centrale des architectes. Bulletin. Trois à quatre fois par an. In-8.

Pour les membres de la *Société*... fondée le 27 mai 1843.

Spéculateur (le); guide des opérations de bourse. Paraissant tous les dimanches. In-4, 4 p., 3 col. Propriétaire-gérant, Bazin. Place de la Bourse, 5. — Paris : un an, 6 fr. Départements : 7 fr.

Sport (le). Le mercredi de chaque semaine. In-fol., 4 p., 5 col. Rédacteur en chef, Eug. Chapus. Rue Beaujon (au Tattersall) et boulevard des Italiens, 36. — France : un an, 25 fr. Étranger : 28 fr.

Stéréoscope (le), journal des modes stéréoscopiques. Salons, théâtres, industrie, arts. Tous les 15 jours. Gr. in-8, 16 p. Rue Neuve-Saint-Augustin, 5. — Paris : un an, 30 fr.; 6 mois, 28 fr. Départements : 32 fr. et 22 fr.

1re année. — Les abonnés reçoivent en primes : un stéréoscope et 24 épreuves stéréoscopiques.

Sylphe (le), ou la mode de Paris. Mensuel. Gr. in-8, 8 p., 2 col. Directeurs-gérants : Legraverant et Vaillant. Rue du Caire, 5. — Paris : un an, 8 fr.; 6 mois, 5 fr. Départements : 9 fr. et 5 fr. 50.

Sylphide (la), revue parisienne, littérature, arts, modes. Les 10, 20 et 30 de chaque mois. In-4, 16 p., 2 col. Rue Sainte-Anne, 64. — France : un an, 28 fr.; 6 mois, 15 fr.; 3 mois, 8 fr. Étranger, suivant les destinations.

Chaque année, 48 gravures de modes coloriées, environ 200 toilettes, 4 planches de patrons de robes, chapeaux, etc.

T

Technologiste (le) ou archives des progrès de l'industrie française et étrangère, ouvrage utile aux manufacturiers, aux ingénieurs, aux mécaniciens, aux artistes et à toutes les personnes qui s'occupent d'arts industriels, rédigé par une société de savants, de praticiens, d'industriels, et publié sous la direction de MM. F. Malepeyre et Ch. Vasserot. Le 1er de chaque mois. In-8, 48 et 64 p., 2 col. avec planches sur acier. Rue Hautefeuille, 12.—Paris: un an, 18 fr. Départements : 21 fr.

Théâtre (le), journal de la littérature et des arts. Le mercredi et le samedi. In-fol., 4 p., 4 col. Directeur-gérant, Ad. Jalabert. Rédacteur en chef, Édouard Fraissinet. Rue Buffault, 5. — Paris : un an, 38 fr.; 6 mois, 19 fr.; 3 mois, 10 fr. Départements : 42 f., 21 fr. et 11 fr. Étranger : 46 fr., 23 fr. et 12 fr.

Tintamarre (le), critique de la réclame, satire des puffistes. Tous les dimanches. Gr. in-4, 8 p., 3 col. Rédacteur en chef, Commerson. Rue Montmartre, 93. — Paris : un an, 14 fr.; 6 mois, 8 fr.; 3 mois, 5 fr. Départements : 20 fr., 11 fr. et 6 fr.

16e année.

Traveller's (the) guide in Paris, and commercial advertiser, published weekly and sold by all News Venders in Paris. Mensuel. In-fol., 4 p. Directeur, D. Boistier. Rue Montyon, 13. — Paris : un an, 12 fr.; 6 mois, 6 fr. 50.

3e année.

Tribunaux (les), semaine judiciaire. Le dimanche. In-4, 8 p., 3 col. Éditeur, Alph. Delhomme. Rue du Pont-de-Lodi, 3. — Paris : un an, 5 fr. Départements : 6 fr. Angleterre : 9 fr. 75. Le numéro : 10 c.

Tribune (la) judiciaire, recueil des plaidoyers et des réquisitoires les plus remarquables des tribunaux

français et étrangers, par J. Sabba-
tier, ancien sténographe des chambres législatives pour le *Moniteur
universel*. Mensuel. In-8, 64 p.
Rue des Saints-Pères, 9, librairie
Borrani et Droz. — Paris : un an,
12 fr. Départements : 14 fr.

3e année.

Tribune sacrée (la) sacrée, écho du
monde catholique. Mensuel. In-8,
64 p. Rue Sainte-Anne, 22. Un an,
12 fr.

On ne s'abonne que pour un an, de décembre en décembre. — Prix de la collection : 11 années et l'année courante,
au lieu de 144 fr., 100 fr.

U

Union (l') instrumentale, journal de la
fabrication universelle des instru-
ments de musique et des beaux-arts
paraissant les 1er et 15 de chaque
mois In-fol., 4 p., 3 col. Rédacteur
en chef, A. Malibran. Rue Bergère,
28. — Paris : un an, 10 fr, Départements : 12 fr. Étranger : 15 fr.
Union (l') médicale, journal des intérêts scientifiques et pratiques,
moraux et professionnels du corps
médical. Le mercredi, le jeudi et le
samedi de chaque semaine. Gr.in-4,
4 p., 3 col. Rédacteur en chef,
Amédée Latour. Rues du Faubourg-
Montmartre, 56, et Hautefeuille, 19.
— France : un an , 32 fr.; 6 mois,
17 fr.; 3 mois, 9 fr. Étranger, le
port en sus.

11e année. — Tome XI de la collection

Univers (l') israélite, journal des prin-
cipes conservateurs du judaïsme,
par une société d'hommes de lettres
sous la direction de S. Bloch. Mensuel. In-8, 48 à 64 p. Passage Saulnier, 20. — Paris : un an, 12 fr.; 6
mois, 7 fr. Départements : 15 fr. et
8 fr. Étranger : 18 fr. et 10 fr.
Univers (l') musical, journal littéraire
et artistique. Le 1er et le 16 de
chaque mois. In-4, 8 p., 2 col. Gérant, Alph. Baralle. Boulevard des
Italiens, 6. — Paris : un an, journal
seul, 12 fr. Départements : 14 fr.
— Avec musique, 30 f. et 33 fr.

5e année.

V

Vert-Vert, programme des spectacles.
Quotidien, In-fol., 4 p. 4 col. Rue
Grange-Batelière, 13. Gérant, Rabasse. Se vend au numéro, prix :
15 c.

Vie (la) des champs, moniteur des pro-
priétaires. Paraissant le 1er et le 15
de chaque mois. In-4, 8 p., 3 col.
Directeur-gérant, Em. Jacquemin.
Rue de Varennes, 10. — France : un
an, 10 fr.; avec un herbier grand
format, 15 fr.; petit format, 12 fr.
Étranger : 14 f.

Vie (la) humaine, œuvre de renaissance
universelle ; application de la morale scientifique, par les moyens du
gouvernement de soi-même, à chaque profession et à chaque fonction
de la famille, principalement à l'é-
ducation, au journalisme, à la littérature, au théâtre. aux beaux-arts,
à la philosophie, aux mœurs industrielles. Journal mensuel non politique. In-8, 24 p., 2 col. Rédacteur
gérant, L.-P. Riche-Gardon. Rue
de la Banque, 5. — France : un an,
7 fr. 50.

3e année, 2e série — Le journal forme
chaque année, 2 vol. in-8.

Ville (la) de Paris, journal hebdomadaire ; moniteur municipal des douze
arrondissements et organe des intérêts généraux du département de
la Seine. Gr. in-4, 4 p., 3 col. Rédacteur en chef, Léon Rolland. Rue
des Marais-Saint-Martin, 39. —
Un an, 20 fr.

Voleur (le) illustré. Cabinet de lecture
universel. Hebdomadaire. Gr. in-8,
16 p., 3 col. Rue Neuve-des-Petits-
Champs, 35. — Paris : un an, 6 fr.;
6 mois, 3 fr. 50. Départements :
un an, 8 fr.; 6 mois, 4 fr. 50.
Étranger : frais de poste en sus.

W

Wiadomosci polskie. Mensuel. In-4,
4 p., 2 col. Rédacteur, Félix Wroł-
nowski. Rue de Vaugirard, 8. —
France : un an, 20 fr.; 6 mois, 10 fr.;
3 mois, 5 fr.

Paris. — Imprimé par E. Thunot et Cᵉ, rue Racine, 26.